ヴェーバー学の未来

「倫理」論文の読解から歴史・社会科学の方法会得へ

折原浩

未來社

ヴェーバー学の未来★目次

第六章　人間行為の意味形象＝規定根拠としての「宗教性」
――ヴェーバー「宗教社会学」の理論的枠組みと「二重予定説」の位置づけ　145

凡 例

一、傍点は、引用文中も含め、すべて筆者による強調である。引用文の著者による強調はゴチック体に、外国語原文の強調は、イタリック体に統一して記す。引用文中の［　］は、筆者による挿入である。

一、頻度の高い引用書は、つぎのとおり略記したあと、ノンブルのみ記す。既刊邦訳の頁を付記するが、それらを参照のうえ原文から訳しなおすので、訳文が一致しないばあいもある。

RSI=Gesammelte Aufsätze zur Religionssoziologie（『宗教社会学論集』）, Bd. 1, 1920, ^{9}1988, Tübingen : J. C. B. Mohr(Paul Siebeck).

大塚訳＝大塚久雄訳『プロテスタンティズムの倫理と資本主義の精神』、一九八九年、岩波書店（文庫版）。梶山訳／安藤編＝梶山力訳／安藤英治編『プロテスタンティズムの倫理と資本主義の《精神》』、一九九四年、第二刷、一九九八年、未來社。なお、「倫理」論文については、必要なばあいにのみ、初版からも引用するが、そのさいにはArchiv20/21=Archiv für Sozialwissenschaft und Sozialpolitik（『社会科学／社会政策論叢』）, Bd. 20/21, 1904/05, Tübingen : J. C. B. Mohr.『宗教社会学論集』「序言」「序論」「中間考察」「儒教とピューリタニズム」の邦訳は、大塚／生松訳＝大塚久雄／生松敬三訳『宗教社会学論選』、一九七二年、みすず書房。

WL=Gesammelte Aufsätze zur Wissenschaftslehre（『科学論集』）, 1922, ^{7}1988, Tübingen : J. C. B. Mohr. 富永／立野訳＝富永祐治／立野保男訳、折原浩補訳／解説『社会科学と社会政策にかかわる認識の「客観性」』、一九九八年、岩波書店。海老原／中野訳＝海老原明夫／中野敏男訳『理解社会学のカテゴリー』、一九九〇年、未來社。

WuG=Wirtschaft und Gesellschaft（『経済と社会』）, 1922, ^{5}1972, Studienausgabe, besorgt von Winckelmann, Johannes, Tübingen : J. C. B. Mohr.

MWGA=Max Weber Gesamtausgabe（『マックス・ヴェーバー全集』）, Tübingen : J. C. B. Mohr.

WA=Dr. Martin Luthers Werke, Kritische Gesamtausgabe（『ヴァイマール版ルター全集』）, Weimar : Hermann Böhlaus ; WADB=op. cit., Die Deutsche Bibel（『ヴァイマール版ルター全集ドイツ語訳聖書』）.

WBF1=The Writings of Benjamin Franklin（『ベンジャミン・フランクリン著作集』）, collected and edited by Smyth, Albert Henry, vol. 1, 1907, New York : Macmillan. WBF2 = op. cit., vol. 2 ; WBF3 = op. cit, vol. 3. 松本／西川訳＝松本慎一／西川正身訳『フランクリン自伝』、一九五七年、岩波書店。

装幀　高麗隆彦

ヴェーバー学の未来——「倫理」論文の読解から歴史・社会科学の方法会得へ

はじめに

本書は、姉妹篇『学問の未来——ヴェーバー学における末人跳梁批判』（二〇〇五年、未來社刊）とともに、前著『ヴェーバー学のすすめ』（二〇〇三年、未來社刊）の続篇である。『学問の未来』では、前著につづき、羽入辰郎著『マックス・ヴェーバーの犯罪——「倫理」論文における資料操作の詐術と「知的誠実性」の崩壊』（二〇〇二年、ミネルヴァ書房刊）への内在批判を徹底させた。それと同時に、こうした書物が「言論の公共空間」に登場し、（一方では非専門家「識者」の絶賛と「賞」授与、他方では専門家による批判的検証の回避、という）無責任の相乗効果として、ヴェーバー学への誤解／曲解とともに著者の虚像が「雪だるま式に膨れ上がる」事態を「末人の跳梁」状況として捉え、その背後にある日本の学問文化-風土と現代大衆教育社会の構造的要因連関に、理解／知識社会学的な外在考察を加えた。そのように内在批判と外在考察をこもごも進めるなかで、筆者には、「倫理」論文を徹底して読解し、熟考することから始めて、ヴェーバー歴史・社会科学の思考方法を会得していく案内書（ないしは再案内書）が、いま必要とされている、との思いがつのった。

他方、批判とは元来、相手が考えるべきであった事柄を代わって考え、そうすることをとおして従来の研究水準を乗り越えていく営為でなければならない。筆者も、批判のこの趣旨にしたがい、羽入書の誤りを剔出する否定だけに終わらせず、むしろ筆者の「倫理」論文解釈／ヴェーバー理解を積極的に対置し、補説として編入していった。ところが、それらはいきおい膨大となって、かえって批判書としての一貫性はそこね、構成を乱しもした。そこに、未來社西谷能英氏の助言があり、元稿から五篇の補説を抜き出し、他の（もともと独立性の高かった）三稿を加え、『倫理』論文の読解から歴史・社会科学の方法会得へ」という趣旨に沿って八章に再配列／再編成し、しかるべき加筆／改訂をおこなうことにした。その結果、本書が成った。

そういうわけで、本書は、ここ二年間の羽入書批判から生まれた副産物ではある。しかし、一書として、羽入書批判のコンテクストから離れても、独立の「倫理」論文読解案内（ないし再案内）となるように、さらに（「経験的モノグラフと方法論との統合的解釈」という筆者年来の方針による）「『倫理』論文の読解からヴェーバー歴史・社会科学の方法会得へ」の案内としても、読んでいただけるように、形式／内容ともに整えた。

第一章「『プロテスタンティズムの倫理と資本主義の精神』論文の全内容構成（骨子）」は、当初「ヴェーバー『プロテスタンティズムの倫理』論文の全論証構造」と題して『未来』四五〇号（二〇〇四年三月）に発表され、その後（北海道大学経済学部の橋本努氏が開設した）インターネットのホームページ「マックス・ヴェーバー、羽入／折原論争」コーナー（以下橋本HPと略記）に転載されていた元稿を、今回、右記の趣旨に沿って改訂／増補したものである。羽入書のヴェーバー論難は、「倫理」論文第一章第二節劈頭のフランクリン文献引用と、同第三節冒頭に付された、ルターの聖句翻訳にかんする注記とに限定されていた。筆者も、羽入氏の論難に内在して反論を展開したので、その範囲も、対象に即しておのずと狭まり、氏が抽象的には語る『倫理』論文の全構成」「全論証構造」について、筆者の理解を全面的また具体的に対置する必要は、当面はなかった。それにたいして、「倫理」論文読解としてのそうした欠落を埋め、「全体の内容構成」「全論証構造」にかんする管見を積極的に提示して、論争（内容と参入者）の範囲を広げようと試みたのが元稿である。今回、本書に収録するにあたっては、羽入書批判のコンテクストから独立させ、「倫理」論文を初めて（あるいは改めて）読んでみようとする読者を念頭に置き、手初めに全体をざっと読み通す道しるべとなるように、大幅に改訂／加筆した。

読者には、第一章をかたわらに、あまり細部や注にはこだわらず、「倫理」論文を通読され、まず大筋を押さえられるのがよいと思う。そして、なにか手応えを感じられたら、本書第二章『倫理』論文第一章第一節『宗派と社会層』を読む」を手引きに、冒頭から再度、著者ヴェーバーとの対話を開始し、第四章「同第二節『資本主義の精神』第一〜七段落を読む」に読解を進めていってほしい。さらに細部にも関心を寄せられたら、第五章「同第三節『ルターの職業観』第一段落と三注を読む」を案内として、当該の一段落に付された（優に一論文の体をなす）細密な三注を読まれるのもいかがであろうか。いずれにせよ、ぜひ「古典に出会う」体験をもっていただきたい。

間に挟まれた第三章は、『理念型』とその経験的妥当性」と題される方法論議を内容としている。「ヴェーバーといえば理念型」といえるほど有名な「理念型」ではあるが、じつは方法論上なお議論が絶えない問題である。筆者は、抽象的方法論議に「屋上屋を架す」のではなく、ヴェーバー自身が理念型を(「倫理」論文などの「経験的モノグラフ」で)じっさいに適用している研究の実態に即して、具体的に捉え返し、会得し、応用しようとつとめてきた。第三章では、そうするなかで熟してきた筆者の自説を示し、ふたつの誤解との二正面作戦を提唱する。そのうえ、第四章では、ヴェーバーが当該の箇所で、フランクリン文献による「暫定的例示」から当該「精神」の「歴史的個性体」(としての理念型)概念を組み立てていく手順を、その動態(「理念型思考のダイナミズム」)に即して例解する。理念型的方法が具体的に会得され、歴史・社会科学研究一般に自覚的に応用されるようになるかどうか、――「ヴェーバー学の未来」が問われる一局面といえよう。

第五章は、右にも触れたとおり「倫理」論文が細部にいたるまでいかに密度の高い論考であるかの例証でもあるが、内容上は、理念型と並んで重要な「類例比較による意味-因果帰属」の方法を、ルターによる「ベルーフ(使命としての職業)」語義の創始という歴史的実例に即して解説している。この章を姉妹篇『学問の未来』の第四章「言語社会学的比較語義史研究への礎石」と併読されるならば、ある「言語ゲマインシャフト」における一語義(たとえば「ベルーフ」)の意訳・創始から、別の歴史的・社会的諸条件のもとで、当該語義がいかなる歴史的運命をたどるか(宇都宮京子氏の理念型的定式化によれば、受け入れられて普及するか、誤訳として拒斥されるか、突飛として無視され廃れるか）という問題設定と理論視角がえられ、語彙と語義の歴史的変遷にかんする「言語社会学」的比較研究に「ヴェーバーでヴェーバーを越える」方向性が引き出されもしよう。

また、この「ルターの職業観」節を含め、「倫理」論文は、およそ「宗教性」にかんする歴史・社会科学的研究の嚆矢とも金字塔とも見なされている。ところが、それにしては、人間行為一般について「宗教性」を問うヴェーバーの視座と基礎概念は、意外に知られていない。たとえば、「倫理」論文から「脱呪術化 Entzauberung」を取り出してきて論ずる人は多いが、では「呪術と宗教とはどこでどう区別されるのか」、「宗教性一般において、たとえばカルヴィニズムの『二重予定説』はどこにどう位置づけられるのか」、あるいはさらに「東西諸文明の歴史的運命を分けた宗教要因を歴史・社会科学的にどう取り扱えばよいのか」と問われて、的確に答えられる人は、さほど多くはあるまい。大塚久雄氏の「倫理」論文邦訳（単独訳）に付された「訳者解説」は、親切に書かれてはいるが、「二重予定説」にも「確証」思想にもまったく触れず、「なぜ、特定宗派のプロテスタンティズムから世俗内『禁欲』『（禁欲的）合理主義』が歴史的に生成されてきたのか」という主題の肝心要の核心に説明がおよんでいない点で、不備というほかはない。そこで、第六章「人間行為の意味形象＝規定根拠としての『宗教性』――ヴェーバー『宗教社会学』の理論的枠組みと『二重予定説』の位置づけ」では、章題どおり、ヴェーバー宗教社会学の視座と基礎概念の解説から始めて、問題の「二重予定説」を焦点にすえ、その前史／成立／特性／作用（イスラムの「予定説」との比較）／「屍の頭

caput mortuum（残滓）」を概観してみたい。

さらに、日本のヴェーバー研究――あるいは、一般の「ヴェーバー理解」――には、キリスト教の特定宗派に淵源する「西洋近代の合理主義」を、なにか西洋文化総体に「つくりつけ」になっている固有の排他的傾向として実体化し、あるいは規範化／理想化し、「西洋近代人以上に『西洋近代主義』的に」解する向きがなお支配的で、これが同時に、同位対立としての「反西洋 - 反近代主義」をまねき寄せてはいないか。この傾向は、数あるヴェーバー著作のなかでも、「倫理」論文以降の「世界宗教の経済倫理」シリーズへの展開を無視ないし等閑に付し、もっぱら「倫理」論文のみを（あえて極端にいえば）「聖典化」する「学問上の呪物崇拝」としても顕れる。「倫理」論文の片言隻句を捕らえて覆せれば、ヴェーバーの人と作品をトータルに否認できると思い込んだ羽入書は、その裏返し――偶像崇拝の同位対立物としての偶像破壊――である。じつは、「倫理」論文そのものも、「世界宗教」シリーズへの展開のなかで捉え返さなければ、その真価を十分に汲み取ることはできない。

第七章「多義的『合理化』概念とその方法的意義」では、そういう「西洋近代人以上に『西洋近代主義』的」な「合理主義」論が、ヴェーバー自身の「合理化」論とは「似て非なる」誤解／曲解である所以を、「倫理」論文から「世界宗教の経済倫理」シリーズに視野を広げ、触りの箇所を引きながら立証する。ヴェーバー自身は、「合理化」の多義性をいわば「逆手に取る」ことで、かえって「西洋（とくに近代）の合理主義」を相対化し、人類の歴史的運命の多様性にたいする大いなる共感のもとに、限定的に位置づけ、捉え返そうと試みていたのである。

第八章「『戦後近代主義』ヴェーバー解釈からのパラダイム転換」では、そうした誤解／曲解に導いた「戦後近代主義」の政治（思想）的パースペクティーフから、ヴェーバー学を解放する「パラダイム転換」をくわだてる。これは、筆者が永らく、ヴェーバー文献の内在的読解に沈潜するなかで、胸底に温めてきた構想である。筆者としては、東西文化の「狭間」にあるこの日本で、この構想を実現していく方向に「ヴェーバー学の未来」を託したい。

二〇〇五年六月

折原　浩

第一章　「プロテスタンティズムの倫理と資本主義の精神」論文の全内容構成（骨子）

第一節　近代市民層帰属の宗派別差異から、経済（営利活動）と宗教（特定宗派信仰）との「親和関係」へ――第一章「問題提起」第一節「宗派と社会層」を読む

「倫理」論文第一章第一節「宗派と社会層」の冒頭では、近代的商工業の資本家／経営者／および経営に欠かせない生産技術／経理などを担当する労働者（以下「近代市民層」）と、宗派所属との関係が問われ、宗派別職業統計その他の経験的データにもとづいて、近代市民層への帰属におけるプロテスタントの（カトリックに比しての）相対的優位が確認される。

そのうえで、この相関事実を「説明」しようとする四先行仮説が、つぎつぎに反証を挙げて、「経験的妥当性」を制限される。四先行仮説とは、①「一六世紀にプロテスタンティズムに改宗したのが、たまたま当時経済的に発展していた都市の市民層で、その相続財産が代々、子孫の近代市民層

帰属に有利にはたらいている」といういわば「宗派所属アクセサリー説」、②「プロテスタントのほうが元来一様に世俗的であった」という「弛緩宗教性説」、③「プロテスタントは『少数派』としての劣勢を、それだけ経済活動に精励して補償しようとする」という「少数派過補償説」、④「もともと営利追求には向かない性質の人が、ある転機から敬虔な宗教性に逃れる（あるいはその逆）」という「反動形成説」の四つである。これらはそれぞれ、マルクス／ニーチェ／フロイトの思想圏に由来し、一定の「明証性」はそなえていて、それなりに理解できる考え方ではある。ただ、それらを「関連のあるrelevant」事実に突き合わせて検証していくと、いずれにも無理があり、かえって一見逆説的ながら、「特定宗派の古プロテスタンティズムとくにカルヴィニズムの信仰内容そのものが、平信徒（の弛緩分子ではなく、敬虔な人々）を駆って、経済活動熱をたかめ、職業労働に精励刻苦させ、結果として近代市民層への帰属を促進してきた」、「経済と宗教という一般には『反りの合わない』二要因が、（プロテスタンティズムの特定宗派にかぎっては）互いに『親和力』をもって結合し、互いに促進し合っていた」という因果命題（仮説）が定立される。

ところで、この因果関係そのものは、じつはペティら同時代の炯眼な観察者にも、（マルクスやドイツ歴史学派(1)たとえばE・ゴータインにも、認識されていた。そこで、因果関係はいちおう所与の前提とみなし、むしろ「では、なぜそうなるのか、特定宗派の信仰内容中いかなる要素が、どのように信徒たちの「思い」（＝「主観的に思われた意味」）に作用して（信徒たちを「動機」づけ）、そうした帰結をもたらすのか」というふうに問題を立てなおし、当の因果関係を「意味連関」として「解明」するという（これは前人未到と思われる）課題が設定される。すなわち、「古プロテスタンティズム」と「近代市民層帰属」という両端の間に、（「X_1—X_2—X_3—X_4—X_5……—Y」といった）多項目の「意味連関」を想定し、まずは最後尾の（経済活動熱をたかめ、職業労働に刻苦精励させ、結果として近代市民層帰属にいたらしめる）環Yを（語形溯行ではなく）「意味（因果）溯行」の出発点に据える。

以上が、第一章第一節の骨子である。この節を、右記の相関事実を「トポス（共通の場）」として始まる読者と著者との対話として読解し、ヴェーバー歴史・社会科学の基本的な考え方に案内する解説としては、本書第二章を参照されたい。

第二節　「親和関係」の一方の項を「資本主義の精神」と名づけ、「理念型」概念を構成し、その歴史的「文化意義」を確認する——第一章第二節「資本主義の『精神』」を読む

第二節「資本主義の精神」では、最後尾の被説明項Yが、「資本主義の精神」（以下「精神」）と命名され、定義され、どのように作用して（近代）資本主義／「資本主義文化」一般の発展を促したのか、その歴史的「文化意義」が問われる。ところが、定義といっても、その対象は、ある歴史的時

期に、夥しい数にのぼる複数の諸個人に（ある人には顕著に、他のある人には僅少に、というぐあいに）千差万別に担われた「集合態 Kollektivum」的な「思い（意味 - 思想形象）」であるから、共通項を漏れなく拾い出そうとして内容空疎な抽象に堕したり、さりとて多様性に呑み込まれて概念化を断念したりすることなく、当の「意味形象」の特徴／個性を浮き彫りにするように、しかも概念をもって把握するのは、容易なことではない。そうした要求をみたすため、ヴェーバーが（もとより先人の仕事に学びながら）構想し、かれとしては自覚的に駆使した概念用具が、「理念型 Idealtypus」である。ここでは被説明項の「精神」Yについて、このばあいは「歴史的個性体 historisches Individuum」としての理念型[2]が構成され、ここから、（第二節では）その歴史的「文化意義」が確認され、（第三節から本論＝第二章にかけては）宗教性Xの方向に「意味（因果）遡行」が試みられる。ただし、本書では、この「理念型」が歴史・社会科学の概念用具として、どんな論理的特性をそなえているか、どのように研究に役立てられるか、（「精神」や「カルヴィニズム」といった）「集合態」的な「理念 Ideen」について「理念型」を構成するには、経験的所与の態様に応じてどういう手順を踏めばよいか、また、いったん構成された理念型の「経験的妥当性」は、どのように検証されるのか、そうした検証が翻っていかに当の理念型自体の展開の契機となるか、といった方法論上の問題について、後段の第四章で議論し、筆者の自説を述べたい。そのうえで、第五章では、ふたたび「倫理」論文のこの箇所に戻って、ヴェーバーが「精神」にかんする理念型をどのような手順で構成し、そのさいフランクリンからの素材を「暫定的例示」手段としていかに方法的に活用しているか、具体的に例解するとしよう。

そういうわけで、ここでは結論を要約すると、「精神」とは、「『職業における熟達／有能さ』を『人生における究極の倫理的価値』と確信し（第三要素）、近代的『経営 Betrieb』（継続的な目的行為をそうした『職業義務』の遂行と見て、（経済の領域では）正当な利潤を合理的また組織的に追求しようとする『志操 Gesinnung』――いいかえれば、そうした義務遂行の『成果』ないし目に見える『表現』『指標』としての貨幣増殖を、『最高善』とも見なし、個人としての全生活時間も対他者関係も（「時は金なり」「信用は金なり」と）手段系列に編入して一途に追求せよと説く『倫理 Ethik』、というよりも生活原則として身についてしまった『エートス Ethos』（第一要素）――、したがって、勤勉／正直／節約などの徳目についても、対他者関係における『信用』取得への効果に力点が移動し、ばあいによっては外観で代用する『功利的傾向』を含みながらも（第二要素）、なお『純然たる功利主義』には帰着せず、職業義務観（第三要素）に由来する『倫理』／『エートス』性（第一要素）との間に、対抗的均衡が保たれている過渡的倫理‐志操形態」であると「暫定的に定義」されよう。

ここからさらに、この職業義務観の宗教的背景にまで遡って、特定宗派の教理と救済追求から派生する「意味連関」を探り出すことが、第三節以下の課題となる。この第二節では、そのまえに、当の「精神」の歴史的「文化意義」が問われる。

こうした職業義務観は、もとよりフランクリンのみではなく、「（職業となれば）どんなに些細なことでも、立派にやりとげる価値がある Whatever is worth doing a little, is worth doing well」

という人口に膾炙した諺にも表明され、今日のわれわれにもよく知られ、なにほどか尊重されてもいる。しかし、なぜそうなのか、その意味はかならずしも明らかでなく、由来も曖昧になっている。しかもわれわれは、そうした観念と「ライフ・スタイル」を、(すでに巨大な既成秩序となっている) 資本主義経済システムの「なかに生み込まれ」、その「なかで育てられ」、「適応」していく過程で、身につけざるをえない。そうしないと、経済上の「淘汰」を受けて、「身の破滅」にいたりかねないからである。そこで、そうした現代の実感を一般化して、そうした職業義務観(ないしは、およそ「集合態」的/社会的な観念一般) は、いついかなる時代にも、まずは一定の経済システムの確立を前提とし、そうした「地盤」ないし「土台」の上に、「淘汰のメカニズム」を通じて形成される、という見方が成立し、有力ともなろう。しかし、まず一般論として、ある観念が「淘汰」に耐えて支配的となるには、当の観念そのものは、「淘汰のメカニズム」が作動し始めるまえに、あらかじめ成立していなければならない。「淘汰」の理論では、その発生/成立そのものは説明できない。じっさい、「精神」も、たとえばフランクリンの生地ニュー・イングランドでは、牧師と小市民・自営農民との結合によって宗教的な理由で創設された(経済システムとしては「幼弱な」) コロニーであったにもかかわらず、大資本家が営利を目的として設立した南部プランテーションの諸州に立ち勝って、発展をとげていた。しかも、(古今東西の道徳的格言では通例「諸悪の根源」として蔑まれている) 営利追求そのものを倫理的義務ともする、稀有で破天荒な中身からしても、そうした「精神」が、たやすく生まれ、すんなりと受け入れられたとは考えがたい。むしろ、先立って幅を利かせていた社会的観念／慣行のなかに「異端分子」「鬼子」として生まれ、既成秩序との困難な闘いをへて、普及したにちがいない。

では、「精神」以前の、「精神」とは異質な「生き方」「ライフ・スタイル」とは、どんなものだったのか。それをヴェーバーは「伝統主義 Traditionalismus」と名づけ、「精神」のばあいと同様、「暫定的例示」を試みる。まず労働者層について見ると、ドイツの農場主は、収穫期に労働強化を目論んで出来高賃金率を引き上げるが、その思惑は外れることが多かった。というのも、農業労働者は、「それなら大いに働いて、できるだけ多額の貨幣を稼ごう」とは胸算用せず、旧態依然「仕来りどおりに暮らすには、どれだけ働かなければならないか」と考えるばかりで、従来と同額の賃金を取得できるあたりまで、かえって労働を減らしてしまうからである。つまり「勤労意欲」は、「賃金刺激」といった経済的手段では喚起できない。むしろ、（敬虔派の信仰が普及した地域の少女は、他地域の類例に比して「よく働く」とか、メソディスト派の労働者が「ノルマ」を越えても働くために仲間から嫌われ、労働要具を破壊された、というような例に見られるとおり）長年の教育、それも宗教教育の所産と思われる。

他方、企業家層について見ると、たとえば一九世紀中葉までの織物の前貸し問屋では、生産過程は農家の裁量に委ねて、最終生産物を慣例の品質と価格で買い上げ、販売面も、仲介商人に任せ、気の合った同業者仲間とは、ときに「居酒屋を訪れて痛飲する」というふうに、「相応の生計を維持して、好景気のときには小財産を残す」程度の、ゆとりある生活が維持されていた。

ところが、ある日突如、この均衡が破られる。たとえば、ある青年（じつは「精神」を体現した著者の父方おじカール・ダフィト・ヴェーバーをモデルとする新しい型の）企業家が事業を引き継ぐと、生産面では農村に出掛けて副業の織布工を監督し、統制を強化して労働者に育成する一方、販売面では小売りも手中に収め、見本を携えて市場の開拓に乗り出し、顧客のニーズに合わせて製品の品質を改良するとともに、「薄利多売」の原則を実行し始める。そうすると当然、同業者間に激しい競争が起き、同じようにして向上しえない者は、没落を余儀なくされる。牧歌は影を潜め、安穏な生活は失せて、厳しい生真面目さが取って代わる。一般に伝統的秩序を覆し、均衡を破壊する「革新者 Neuerer」には、不信／憎悪／道徳的非難が浴びせられ、その素性をめぐっては怪しい風聞が伝えられたりするものであるが、こういう新しい型の企業家のばあいにも、まったく同様であった。かれらが、周囲からの圧力に抗して、労働者と顧客の信頼をえ、無数の抵抗に打ち勝ち、強度の労働に耐えて事業を拡大し、長期間繁栄をつづけていくには、(3)「伝統主義」とは異なる堅固な性格とそれを支える倫理的資質（つまり「精神」）が必要であった。その担い手は、どこにでもいて、しばしば「政治に寄生して」暴利をむさぼる(4)冒険商人の類型ではなく、「厳格な訓練を受けて育ち、市民的なものの見方と『原則』を身につけ、打算と果敢な進取の気性とを兼ねそなえ、とりわけ生真面目にたゆみなく、綿密また徹底的に物事に打ち込んでいく」タイプの人々で、社会階層的には「産業的中産者層」（ヴェーバー）ないし「中産的生産者層」（大塚久雄）に多く見られた。

では、そうした「経営革命」を支える主体的条件（「市民的職業エートス」としての「精神」）のうち、右記のような「経営の合理化」を推し進め、「伝統主義」を覆し、反動を克服して生き延び、やがては「淘汰のメカニズム」によって再生産されるようにもなる、(幸福主義や快楽主義にたいしては)「超絶的」「非合理的」な要素——自分の「職業」にたいするその意味で「非合理的」な献身を生み出す要因——は、いったいどこからくるのであろうか。

第三節　ルター宗教改革の意義と限界を、世俗内救済追求への軌道転轍と伝統主義への推転に求める——第一章第三節「ルターの職業観」を読む

第三節「ルターの職業観」では、冒頭、当の「職業」を表わすドイツ語の Beruf や英語の calling に「神から与えられた使命」というニュアンスが含まれている事実が注目される。そこで、そういう二重語義をそなえた語彙(Beruf 相当語)の時間的/空間的分布を調べてみると、それが、西洋近世以降プロテスタントが優勢となった民族の言語にかぎって普及していることが分かる。では、なぜそうなのか。そうした語義の歴史的始源は、どうやら宗教改革にありそうであるが、いっそう立ち入ってみるとどうか。第一段落に付された膨大な三注で、当の始源が探究され、ルターによる聖書の翻訳に(原文ではなく翻訳者の精神に)「意味(因果)帰属」される。本書では、後段第五章で、当の第一段落と三注を詳細に読解し、「意味‐因果帰属」の手順を例解しよう。

第二段落は、「語義と同じく、**思想**も新しく、宗教改革の産物である」との文言に始まり、以下第一二段落まで、ルターの宗教改革思想の歴史的「文化意義」とその「限界」が論じられる。「限界」といっても、なにか宗教上本質的な限界という意味ではない。前節で例示されたように、伝統を覆しても正当な利潤を職業義務として合理的また組織的に追求する志操／「精神」は、いかなる宗派の系譜に連なり、一脈通じるのか、という特定の観点から見た、そのかぎりにおける歴史的因果的意義の限界にすぎない(5)。

まず、ルターによる宗教改革の画期的「文化意義」は、中世以来のカトリック的世界像における「命令 praecepta」（教会儀式への参列、告解、「十戒」遵守など）と「福音的勧告 consilia evangelica」（清貧、貞潔、従順）との区別を破棄し、（前者のみをまもる）「在俗平信徒」と（後者にもしたがう）「修道士（世俗外的救済追求者）」という「大衆」と「達人」との宗教身分的二重構造を破砕した一点――まさにそうした「破棄」と「破砕」といった消極的一点――に求められる。ただその結果、（当の区別を前提として修道院行きの「軌道」に乗っていた）達人――というよりもむしろ、内面的に厳粛で「より高きを望んで精進する」ような「観念的利害関心」をそなえた、やがては達人たるべき「能動分子」――が、ルターによるこの「軌道転轍」以降は「世俗内」にとどまり、その宗教的／実践的活力を世俗内の「生活上の地位」「身分」「職業」にあって発揮する「世俗内的救済追求 innerweltliche Heilssuche」（まだ「禁欲 Askese」とはいわず）の道が開かれた。逆にいえば、宗教が信奉者を内面から駆る「実践的／心理的起動力」が、世俗外の修道院に（「世俗内」の観点から見れば）逃避／消散してしまわなくなった。

ところが、当のルターでは、それ自体としては画期的な、この「軌道転轍」が他面、「伝統主義」への思想変化と手を携えて進んだ。この経緯の、訳語選択への一表現として、全体として伝統主義的な旧約外典『ベン・シラの知恵』（以下『シラ』）の、そのまた伝統主義的な一一章二〇節後半の「労働しつつ老年を迎えよ」の「労働 ergon」と、同じく二一節中の「主を信頼して自己の職務に徹せよ」の「職務 ponos」とに、聖句としては初めて、それまではもっぱら「宗教的使命」、「聖職への招聘」に当てられていた語 beruff が適用され、「神与の使命」と「純世俗的職業」との両義を併せもつ語 Beruf が創始されたのである。それは、一五三三年のことで、一五二四／二五年の「農民叛乱」以降とみに伝統主義に傾き、伝統的秩序内の（「身分」ばかりか）「職業」への各人の個別的編入も、即「神の摂理」と見るにいたった翻訳者ルターの、当の伝統主義的精神の表現としてあった。

ヴェーバーが、キリスト教諸聖典のうちでは相対的に――新約正典、旧約正典、新約外典に比して――尊重されず、宗派ごとに扱いのまちまちな、旧約外典『シラ』の当該句を、「ルターの職業観」節で真っ先にもちだしたのは、なにも『シラ』をもろもろの聖典のうちでもっとも重要と見、当該句を Beruf 思想波及の原点、他言語版諸聖典における Beruf 相当語訳の出発点と見なしたからではない。また、たとえば（ヴェーバーの問題関心・価値関係的遠近法においてはもっとも重要な）カルヴィニズムは、「旧約外典は聖典外」と軽んじていたから、『シラ』の当該句を、そうした宗派も含め、広くプロテスタンティズム諸派について Beruf 思想の空間的／時間的普及度――しかも、諸聖典における訳語選択への表出度というその一面——を測定する定点観測点に見立てることもできまい。むしろヴェーバーは、旧約外典『シラ』は、内容上/方法上そうするにはもっとも不適当と(キリスト教文化圏の読者にはとくに断るまでもなく)認めたうえで、かえって当該箇所が伝統主義との結合という特殊ルター的/ルター派的な制約を端的に示しているがゆえに、「ルターの職業観」の特性と「限界」を叙述する節の冒頭を飾るのには相応しい「トポス」と判断したのであろう。繰り返し強調するが、このばあい「限界」といってももとより、宗教上本質的な意義の限界ではない。「世俗内的」であっても伝統主義ではなく、核心に非合理的要素を秘めた「禁欲的合理主義」ないし「合理的禁欲」の、それも教理ではなく歴史的形成をこそ、「関心の焦点」に据え、全篇の主題として「解明」「説明」しようとする「倫理」論文にとっては——この問題設定そのものにむすびついた特定の「価値関係的パースペクティーフ(遠近法)」から見て、そのかぎりで——、ルター/ルター派には、まさに伝統主義への推転(主題としての「合理的禁欲」からみれば「逸脱」「迷走」「頓挫」)の点で、歴史的「文化意義」の限界が認められる、というにすぎない。

第四節　「世俗内救済追求軌道」の上で「合理的禁欲」への再転轍をなしとげる禁欲的プロテスタンティズム――本論第二章「禁欲的プロテスタンティズムの職業倫理」第一節「世俗内禁欲の宗教的基盤」を読む

ルターによって敷設された「世俗内的救済追求」の「軌道」の上で、当のルターには欠けていた「合理的禁欲」への宗教的動因をつけ加えた――「伝統主義」から「禁欲的合理主義」への「さらなる軌道転轍」をなしとげた――諸宗派が、「古プロテスタンティズム」のうちでも、ルター派ではなく、「禁欲的プロテスタンティズム」――カルヴァン派、敬虔派、メソディスト派、および（教理上の基礎は異なるが）「再洗礼派」系の諸「ゼクテ Sekte」(6)――である。したがって、「倫理」論文の本論＝第二章は、「禁欲的プロテスタンティズムの職業倫理」と題され、第一節「世俗内禁欲の宗教的基盤」では、もっとも首尾一貫した代表例としてのカルヴィニズムから始めて、当の宗教的動因が「倫理」論文全体の主題として分析される。すなわち、「二重予定説」(7)のような教理上の与件から、いかにして「合理的禁欲」への「実践的／心理的起動力」が生まれてくるのか――その経緯（担い手個々人の内面的／主観的な「意味（因果）連関」）が、「理解科学」の方法(8)を駆使して、「明証的」に「解明」され、「理解」される。

たとえば『ウェストミンスター信仰告白』（一六四七）に表明されている「隠れたる神」の「二重予定」を心底から信じた、カルヴァン派「大衆宗教性」の「平信徒」を採って「理念型」を構成してみると、かれは、来世における永遠の生死について現世でいわば「未決拘留」状態を生きる羽目に陥る。かれにとって最優先の関心事は、「この自分ははたして、来世における『永遠の生命』に選ばれているのか、それとも『永遠の死滅』に予定されているのか」にあり、その未決にともなう深甚な不安から逃れるには、来世における「救い」の現世における予兆としての「救い（＝選び）の確信」に到達して「息をつく」よりほかはない。それには、いかに洗練された儀礼であれ、「呪術（＝神強制）」[9]による救済という退路は断たれているので、ただひたすら「神の栄光」をこの世に広めるために、神に選ばれた「道具 Werkzeug」に相応しく、文字どおり「道具的 instrumental」に「行為」することになる。しかも、一度でも「捨てられている徴」があらわとなって絶望の淵に突き落とされないためには、「行為」のひとこまひとこまを、一瞬たりともゆるがせにせず、「選ばれた聖徒に相応しいか否か」の自己審査に委ねるほかはない。そうした醒めた熟慮によって「生活営為（生き方、ライフ・スタイル）」全体を、計画的・組織的に制御／形成していき、そのようにして（「自然の地位」に対置される）「恩恵の地位」を生涯にわたって堅持しようとつとめざるをえなかったのである。

ところで、カルヴァン派以外に「禁欲的プロテスタンティズム」をなす三宗派のうち、敬虔派とメソディスト派は、カルヴィニズムの首尾一貫性が（現世にあっても救済の悦びにひたれるという方向に）緩和された形態で、この点にかけてはヨーロッパ大陸とイングランドで対をなしていたといえよう。それにたいして「再洗礼派」は、「被造物が沈黙するときにのみ神が語る」という「神秘主義」一般の原則に沿い、厳格な自己制御によって「魂の深い静けさ」をつくりだし、聖霊に感じて「内なる光／良心」にみたされるところに「救いの確証」を求めた。さらに、そういう「確証」をえた「再生者」のみが、(個々の加入申請者が厳格な行状審査をパスして初めて構成員になれる排他的「結社」としての)「ゼクテ」を結成し、相互監視・相互督励のもとで自己を維持するという組織原則からも、「確証」を堅持する自己審査／自己制御としての「禁欲」が強められた。しかも(われわれにとって止目すべき点として)、「二重予定説」では、聖書も知らない非キリスト教徒は問題なく「滅びの群れ」とされた(「特殊恩恵論」「救済排他主義」「キリスト教中心主義」)のにたいして、「再洗礼派」系の教理では、聖霊はだれのもとにも(したがって、キリスト教独自の聖書に記された形では「啓示」を知るにはいたらない非キリスト教徒にも)きており、原則上は万人に救いが可能であった(「普遍恩恵論」「救済普遍主義」)。ただ、聖霊に感応できる「魂の深い静けさ」をつくりだすことが至難で、有資格者のみ「ゼクテ」を結成して「内なる光／良心」を保っていく以外にはない、と考えられた。

第五節　宗教的動機づけによる合理的禁欲が（当初には随伴結果として）富を生み、この結果が翻って原因に反作用し、宗教性の墓穴を掘る

――第二章第二節「禁欲と資本主義精神」を読む

ところで、「禁欲的プロテスタンティズム」諸宗派の宗教的動機づけによる「自己審査と熟慮による生活営為全体の制御／形成」すなわち「合理的禁欲」が、（ルターによって敷設され、禁欲的プロテスタンティズムに継承された）世俗内軌道のうえで、平信徒のたとえば（当の世俗生活の一領域としての）経済生活にももちこまれると、初発には意図されなくとも、相応の「実践的起動力」／効力を発揮せざるをえまい。所与の経済的諸条件のもとにあって、右の意味で禁欲的・合理的な「職業」労働による収益の増大、資本家機能への転身／転職、および絶えざる反伝統的革新による資本蓄積といった経済的地位の向上に、伝統主義下に比してはるかに有利に作用せずにはいなかったろう。

さらに、そうした発展につれて、①機会さえあれば、伝統に逆らっても、新しい資本家的「職業」に転出することや、②私的消費支出を極力抑えて利潤を追加投資にまわし、事業を拡大していっそうの利潤を取得していくことや、③かつての「産業的中産者（中産的生産者）」仲間を競争場裡で蹴落とし、賃労働者として雇い入れ、呵責なく搾取して（「自由人労働の合理的組織化」）、貧富の懸隔を拡大していくことや、④（それ自体としては歓びに乏しい）労働に耐えて勤労意欲を失わないこ

となどが、「(被造物としての人間の理解を絶した「二重予定」の)神の摂理／祝福」として宗教的に「正当化 legitimieren」されれば——ということはつまり、宗教が教理としての自己同一性は保ったまま、社会的な作用連関のなかで「意義変化 Bedeutungswandel」(ヴェーバー)ないし「機能変換 Funktionswechsel」(ルカーチ、マンハイム)をとげれば——、当の発展にはいよいよもって拍車がかけられることになろう。「倫理」論文第二章第二節「禁欲と資本主義精神」(の前半)では、こうした「宗教的禁欲の世俗内的効力発現」の諸相が、鮮やかに分析される。

ところが、そのようにして、当初は、宗教的救済追求としての世俗内労働の「随伴結果」としてであれ、富が増えると、まずは平信徒個々人が、「原罪」(マルクス)ないし「富の世俗化作用」(ヴェーバー)に捕らえられる。すなわち、富が増えるとどうしても、獲得された富のうえに安住して緊張がゆるみ、高慢／激情／現世への愛着もつのらざるをえない。こうして、宗教的動機づけが世俗内で効力を発揮し、勤労と節約をとおして、当初は「意図せざる随伴結果」として富を生み出せば生み出すほど、まさにそれだけ、その反作用で、宗教性の根は涸れ、墓穴が掘られる。

しかも、この「原罪」の作用は、当事者の認識／警告／抵抗の有無にかかわりなく、いやおうなく貫徹される。そして、「倫理」論文第二章第二節「禁欲と資本主義精神」(の後半への旋回点)における叙述の主眼は、この作用にもとづく逆説的関係の存立自体にあり、たとえばメソディスト派のウェズリーによる当該関係の認識／警告という事実も、ただ当の作用の帯びる抗いがたい性質を引き立たせるために、改訂稿で副次的に書き添えられたにすぎない。

むしろ、いっそう重要なのは、初発には宗教的に動機づけられた「禁欲的で合理的なライフ・スタイル」が市場における競争に打ち勝って「淘汰」に耐え抜くさまを、周囲の市場利害関係者が目撃し、「競争場裡で有利なモデル」と認知すると、当のライフ・スタイルがそのかぎりで、当該宗派の平信徒以外にも、宗教色抜きの経済的致富動機からも、まずは模倣され、やがて目的合理的に採用されて、普及していく、という事態である。このように、宗派外のライヴァルが競争場裡に参入してくると、当該宗派の平信徒も、「原罪」の作用で宗教的動機は薄れるにせよ、なお——ここでは、姉妹論文「プロテスタンティズムのゼクテと資本主義の精神」で主題化される「ゼクテ仲間の相互監視下における自己維持」という契機は省くとして——市場における自己維持のためにも、「禁欲的で合理的なライフ・スタイル」の少なくとも外形は保持せざるをえない。こうして、(初発には宗教に媒介されて生み落とされた)「禁欲的で合理的なライフ・スタイル」が、こんどは「淘汰のメカニズム」によって再生産されるようになる。と同時に、担い手個人についても、市場利害関係者・経済行為者総体についても、当の「禁欲的で合理的なライフ・スタイル」の宗教的禁欲色は、徐々に後退し、やがては宗教的・超越的契機を欠く、人間利益中心の「合理的ライフ・スタイル」すなわち「功利主義」に取って代わられることになろう。

第六節　「合理的ライフ・スタイル」における宗教的禁欲の「屍の頭 caput mortuum（残滓）」＝「近代市民的職業エートス」とその一分肢・「近代資本主義の精神」――「倫理」論文全篇における「探究の円環」を閉じ、独自の貢献を確認する

ちょうどその過渡期にあって「功利主義」への「転移」（キルケゴール）傾向をともないながら、なお宗教、それももっぱら「禁欲的プロテスタンティズム」の残照をとどめ、世俗内の「職業」的営為を――したがって「職業」としての経済的営利追求をも――「職業義務」として倫理的に「裏打ち sanction」し、拍車をかけているのが、第一章第二節で取り上げられ、右記のような「意味連関」「解明」の出発点に据えられた「資本主義の精神」であった。管見では、この「精神」は、「近代資本主義」を資本主義一般から区別し[10]、近代経済のみでなく近代科学／近代政治／近代芸術など、近代的文化諸形象にかかわる近代人の人間活動一般を、ことごとく「職業」として自己目的化／専業化し、それぞれの生産性をそのかぎりで未曾有に高めた「実践的起動力」として、むしろ「近代の精神ないしエートス」と呼び替えたほうが適切であろう。

それはともかく、ここで「倫理」論文全篇の行論をふりかえってまとめるとしよう。第一章第一節「信仰と社会層」では、「敬虔な信仰内容」と「逞しい営利追求」との「親和関係」という仮説が、先行四仮説の批判的検証から絞り出された。第二節では、後者を被説明項とし、方法上いったん宗

教色を払拭して「資本主義の精神」と定義し、その核心になお認められる「非合理」的契機・エートス性から、背後の宗教性を予想しながらも、その探索に移るまえに、「精神」一般の「文化意義」を「伝統主義」と対比して確定した。第三節から、当の宗教性の具体的探索に移り、まずは「宗教改革の父」ルターを「射程に入れ」はした。しかしかれは、宗教的「救済追求」一般の「世俗内軌道」への転轍をなしとげ、聖俗二義を併せもつ語 Beruf は創始したけれども、その職業思想／職業倫理は「伝統主義」に逸れて「合理的禁欲」に向かわなかったばかりか、「わざ誇り Werkheiligkeit」を（人為に力点をおいて、それだけ神信頼の秘かな欠落を顕すものとして）原則的に拒否し、「合理的禁欲」には「逆行」した。(11) まさにそれゆえ、ヴェーバーは、ルター論は「問題提起」章内の一節で簡潔に切り上げ、むしろかれによって敷設された世俗内軌道上に、なお欠けている環を求めて「禁欲的プロテスタンティズムの職業倫理」に視線を転ずる。そして、これをこそ「関心の焦点」／本論（＝第二章）の主題に据え、「二重予定説」を与件とする右記の「意味（因果）連関」について、多項目のひとつひとつを丹念に「解明」し、最終的には、その効力発揮による逆説的反作用と再編成の帰結＝宗教的禁欲の「屍の頭 caput mortuum（残滓）」として、出発点の「資本主義の精神」に戻ってきた。こうして、全探究の円環が閉じられ、叙述が意味上完結したのである。

そういうわけで、この「倫理」論文に固有の学問的貢献は、「『プロテスタンティズム』しかも『ピューリタニズム』が資本制生産様式に『照応』する、あるいは『商業精神』『資本主義精神』を『喚起』し、資本主義経済の発展を『促進』する」との、ペティ、マルクスおよびドイツ歴史学派には既知の因果関係そのものではなく、むしろ「なぜそうなるのか」を、当事者の「内面」「精神生活」に分け入り、要旨右記のとおりの「意味連関」として「解明」したところに求められよう。ここに、（ゾンバルトの「ユダヤ的精神普遍化説」をいちおうおくとすれば）マックス・ヴェーバーに固有で前人未到の功績があった。少なくともヴェーバー自身は、一九一〇年の「反批判」「反批判結語」論文で、自分の業績をそのように限定している。[12] また、なぜヴェーバーのみ——といちおう言っておく——が、いちはやくそうした領域を開拓し、内容ばかりか方法上も新しい、独自の業績を達成できたのか、については、神経疾患による脱職業人化とそれにともなう苦悩という（余人には欠けているか、乏しかった）生活史的／実存的契機[13]の意義が重視されるわけである。

第七節　「定説」と学問的批判の要件

さて、以上が『倫理』論文の全内容構成（骨子）」ないしは著者ヴェーバーの「価値関係的パースペクティーフ（遠近法）における論点構成の全体」である。これは、筆者独自の見解というわけではけっしてない。むしろ、専門的なヴェーバー研究における諸先輩（とりわけ梶山力、大塚久雄、安藤英治）の永年にわたる粒々辛苦の読解と、「倫理」前後の諸労作にかんする先達のこれまた根気のよい研究の蓄積から紡ぎ出された「定説」であり、筆者による内容上の補足は、ごくわずかしかない。ただ筆者は、諸論点の全体を、筆者が著者ヴェーバー自身の「価値関係的パースペクティーフ」と確信する視座から、かれの方法論にも準拠して再構成し、多少メリハリをつけて叙述したにすぎない。むしろ、「倫理」論文そのものについては素人の一般読者も筆者も、当該論文を成心なく通読しさえすれば、容易に読み取れ、テクストの価値関係的／論理的構成そのものに照らして首肯される「論旨」「全論証構造」であるといってもよいであろう。筆者は、右の六節を書きとめながら、あまりにもあたりまえの「常識」を縷々解説しすぎてはいないか、との不安に再三襲われた。ただ、この「常識」さえ身についていれば、片言隻句をとらえて罵詈雑言を連ねる「批判書」が「言論の公共空間」に登場し、いっとき脚光を浴びることなど、とうていありえないはずである。

もとより、常識や定説を疑い、批判することは、大切である。懐疑と批判がなければ、学問の進歩はない。ヴェーバーが、「たとえ法の妥当性一般を否認する無政府主義者であっても、論証を重んずる研究者であれば、法学部に受け入れるべきだ」との持論を述べるさいに言い添えたとおり、「もっともラディカルな懐疑が、認識の父(14)」なのである。

とはいえ、学問上の批判は、みずから「定説」の水準に達し、その内容を十分に知ったうえで、それを否認するならするで、理にかなう根拠を提示するばかりか、その根拠から積極的に「定説」を乗り越える、内実のある「新説」を提示する質をそなえていなければならない。右のヴェーバーの言にも、「論証を重んずる研究者であれば」という留保条件がつけられている。

「倫理」論文の初版発表からちょうど百年、わたしたちは、先輩の研究成果を継承し、(「倫理」論文解釈／ヴェーバー理解にかぎらず、それぞれの専門領域で）いちはやく「定説」を乗り越え、「新説」を展開しうる（また、そうすべき）時期にきているといえよう。しかしそれには、本章で概観したような研究成果を生み出したヴェーバーの方法を、もう少し立ち入って、よく会得し、望むらくは「自家薬籠中のものとして」使いこなせるようになりたい。このあとにつづく諸章が、そうした方向で役立てられることを、筆者は願っている。

第二章　「倫理」論文第一章第一節「宗派と社会層」を読む――

近代市民層帰属の宗派別差異から、経済と宗教との「親和関係」にいたる（読者との対話による）論旨の展開、ならびに歴史・社会科学の方法開示

第一節　カトリック教徒よりもプロテスタントのほうが、近代市民層帰属率は高い――「トポス」としての相関事実から、歴史的因果関係の分析へ

本書第一章『「プロテスタンティズムの倫理と資本主義の精神」論文の全内容構成（骨子）』の第一節で素描しておいたとおり、ヴェーバーは、第一章「問題提起」第一節「宗派と社会層（分化）Konfession und soziale Schichtung」で、この論考全体の主題（「一般には『反りの合わない』金儲けと倫理とが、プロテスタンティズムの特定宗派では、稀有な『親和関係』にありそうだ」という驚くべき仮説）に一歩一歩接近し、そこから、この問題を解明し論証していく全篇の内容構成を予示している。

かれはまず、同時代の宗派別職業統計や、宗派の機関紙誌上に掲載された論説などの経験的デー

タにもとづいて、「カトリック教徒よりもプロテスタント（この段階ではプロテスタント諸派を一括して大まかに「プロテスタント」と呼び、そのように取り扱う）のほうが、近代的商工業の①資本所有／②企業経営／③（近代的「経営」に欠かせない、生産技術、経理などの「専門職」をなす）上級熟練労働に携わり、そうした人々の統計的集団（以下「近代市民的社会層」「近代市民層」と略記）に帰属する率が、有意に高い」という命題を立てる。別言すれば、一方に「宗派所属率」、他方に「近代市民層帰属率」という二変数の相関関係を表示する「経験的一般化命題 an empirical generalization」（R・K・マートン）を定立している。そしてこれを、同時代人読者との「トポス（共通の場）」に採用し、叙述の出発点に据え、以後、読者との対話をとおして議論を繰り広げていく。以下、その要旨を追跡し、（他の箇所からの補説も交え、論理展開の筋道を浮き彫りにしながら）歴史・社会科学論文として前代未聞の「固有価値」を明らかにしていこう。

同時代の統計によっても検出されるその相関事実は、歴史的に「因果関係」が積み重ねられてきた結果、ないしはその「同時代的表出」と見られよう。とすると、それは、「すでに一六世紀のころ、自然条件と交通の便に恵まれ、経済上発展を遂げていた諸都市で、『近代市民層』――あるいはその前身としての、独立自営の『産業的中産者層』（ヴェーバー）ないし『中産的生産者層』（大塚久雄）――が台頭した時期から、この社会層がなぜか『プロテスタンティズム』に改宗し、その余波が二〇世紀初頭の同時代にまでおよんでいる一断面」として捉えられよう。この命題についてはさらに、一六世紀の市民層がなぜ、よりによって「プロテスタンティズム」に改宗したのか、という初期条件問題と、その「余波」が、どのように二〇世紀初頭にまでおよんだのか、という継続条件問題とに分けて、説明が求められるであろう。(1)

そこでいま、前者はしばらくおき、後者のほうから先に取り上げてみると、これについては、歴史における経済要因と宗教要因との関係およびそれぞれの比重をどう捉えるか、という観点から、つぎのふたつの説明が可能と考えられよう。ひとつは、経済要因を決定的に重視し、宗教要因は「とるに足りない」として無視する観点からの説明で、ⓐ(いかなる初期条件のもとに、なぜ一六世紀の市民層が「プロテスタンティズム」に改宗したのかはともかく)、その「プロテスタンティズム」は、以後はただ「アクセサリーのように」「名目上」近代市民層に随伴してきただけで——むしろ、右記①②③の地位に就くには、相当の資産を相続し、長期にわたる教育費の支出にも耐えられる富裕な一族からの出自、という経済事情が始終ものをいい、当初に富裕な市民層が「なぜかは分からないが」「プロテスタント」に改宗した歴史的「偶然」事の「余波」が、惰性的につづき、表向き「相関関係」が維持され、昨今でも統計上には表われている事態——というふうに、定式化されよう。こうした解釈は、不用意に「唯物論」的とも呼ばれかねないが、むしろ、歴史に一面的な「因果関係」しか認めない「生硬で偏狭な独断論者」の説明というべきで、じっさいには「公式主義(的唯物論)者」以外にも多くの信者が、いまなおお見かけられる。

いまひとつとしては、ⓑ(「なぜか」の初期条件はさておき)一六世紀の市民層がいったん「プロテスタンティズム」に改宗すると、その事実(そこで信奉し始めた「プロテスタンティズム」という宗教性）が翻って、当の市民層の経済活動／経済生活にもじっさいに「反作用 Gegenwirkung」[2]（F・エンゲルス）をおよぼし、経済発展にいわば「拍車を掛け」、この事実が認知されると、これがふたたび翻って、「プロテスタンティズム」への改宗／信奉を質的に補強し、量的にも拡大する、というふうに、そうしたいわば「好（-悪）循環」、（好悪の価値判断を避ければ）「原因と結果との交互作用 Wechselwirkung」あるいは「互酬性 réciprocité」[3]（E・デュルケーム）が生じて、当の相関関係が現実に維持されてきた、という説明が考えられるであろう。

ところで、「唯物論者」は、真っ先にⓐの説明を思いつくであろうが、ⓑの可能性を排除する「公式主義者」でなければ、「生硬で偏狭な独断論者」とはいえない。「唯物論者」も柔軟な思考の持ち主であれば、晩年のエンゲルスとともに「土台にたいする上部構造の『相対的独立性 relative Selbständigkeit』」を認め、ⓑの説明も受け入れることができよう。ただ、エンゲルスも唯物論者として、「初期条件はかならず土台に発生する（歴史的運動の「究極の要因」は経済的「土台」にある）」との先験的決定を保持しようとした。ところが、その点にかけては、E・デュルケームのように、特殊「唯物論」的な先験的決定はしりぞけ（ただしかれのばあいには、別の先験的決定をもちこむことになるが）、たとえば「既存の伝統的信念（「集団表象 représentation collective」）体系の弛緩が原因となって、（信念に無反省に頼ってはいられなくなる）諸個人に知性が目覚める（という結果が生ずる）と、この知性が（翻って）伝統的信念体系に批判的に適用され（原因に反作用し）て、その弛緩／解体に『拍車を掛ける』[4]」というふうに、一般に「原因と結果との間には互酬性がある」

と認めることもできよう。とすると、ヴェーバーも、この点にかけてはデュルケームと同じく（ただし、デュルケームに倣ったというのではなく、むしろ「唯物論」的独断論との対決の一環として先験的決定の拒斥は推し進め）、「原因と結果との相互性（互酬性）」一般を認め、むしろ「一方向的／一面的な因果関係とは、特定の原因の作用が圧倒的で結果の反作用は無にひとしい理念型的極限に当たる」というふうに捉え返していったのであろう。[5] ヴェーバーといえばただちに、歴史・社会現象に多様な諸要因と各々の「固有法則性 Eigengesetzlichkeit」を認める多元論が想起されようが、この「因果関係における相互性」のほうは、（なるほど、多元論と密接に関連してはいるが）さほど注目され、論じられてこなかったのではあるまいか。

ところが、ヴェーバーは、「倫理」論文の第一章「問題提起」をむすぶにあたって、こう述べている。

「われわれがここで確認しようとしているのは、……ただ、問題の『（資本主義の）精神』の質的形成と全世界にわたる量的拡大に、宗教の影響が、**他の要因とともに**、はたして、またどの程度、**与って力**があったのか、また、資本主義を基盤とする**文化**のいかなる**具体的**側面が、そうした宗教の影響に帰せられるのか、ということだけである［ここまでは多元論］。ところで、そのさい、宗教改革という一文化期に、その物質的基礎、社会的／政治的組織形態、および精神内容が、相互におそろしく複雑に影響し合っていること das ungeheure Gewirr gegenseitiger Beeinflussungen を考えれば、さしあたり zunächst 宗教的信仰のある種の形態と『職業倫理』のそれとの間に、特定の『選択的親和関係 Wahlverwandtschaft』が認められるかどうか、認められるとすればそれはどのような点においてか、を探究するよりほかはあるまい。そうすることによって、当の選択的親和関係の結果、宗教上の運動が物質的文化の発展に、どのように、またいかなる方向で、影響をおよぼしたのか、この二点を同時に、できるかぎり明らかにすることができよう。この二点が究明され、いくらか確定されるときに初めて、近代の文化内容が歴史的に発生するさい、どの程度まで宗教的な動機に負っていたのか、また、どこまで他の動機に帰せられるべきなのか、相互に比較秤量するといった試みも、なされうるであろう。(6)」

このように、ヴェーバーは、経済、政治、宗教といった諸要因の間に「相互的影響関係」つまり「原因と結果との相互作用」があると認め、それらを分析し、双方向的/両面的に捉え返すことを目標としていた。しかし、当の「相互的影響関係」は「おそろしく複雑」であるから、両面把握という目標を一挙に達成することはできない。そこで、さしあたりは故意に一面(ただし、後述のとおり、重要ではあるが、把捉が困難なため、従来は無視されてきた一面)を取り出し、その分析に自己限定して「両面分析」にそなえようとする。じっさい、小規模の短期的な「相互的影響関係」であれば、たとえば「ある種の大学教師が院生に向かって杓子定規に『批判性』を要求する(原因)と、ある種の院生は、内実もなしに『批判』を装ったり、あらかじめ批判対象を(容易に批判しきれる)範囲に(自分のほうから)制限ないし矮小化しておいて、教師の要求に応えようとする(結果)が、そうすると翻って、当の教師は、そうした弊害を『教育効果』と勘違いし、ますます『批判性』の形骸教育に力を入れる」、あるいは「論証能力の貧困（原因）は、強権的手法その他の邪道への依存（結果）をもたらすが、そうなると翻って、もともと乏しい論証能力がさらにそれだけ、いっそう減衰する」といった「悪循環」のように、両面の分析を一挙に完遂することもできよう[7]。ところが、たとえば「ある文化圏における経済要因と宗教要因との交互作用の（両要因の作用／反作用がある均衡点に達して生ずる）長期的な構造」というような広範囲かつ複雑な事例になると、両面分析の同時遂行は、たとえ直観的には可能に思われようとも、概念的分節化はとうてい不可能で、無理に強行すれば平板化／形骸化／図式化を免れまい。そこで、そういうばあいには、慎重を期して、当の構造を一挙に捉えようとするのではなく、いったん（「経済→宗教」「宗教→経済」という）二系列に分け、まずはそれぞれ（を顕著に現わしている典型的な事例）につき、方法自覚的に一面的な分析を（その途上ではもとより、自分が現に進めつつある分析の一面性を自覚し、つねに「反作用」への顧慮も怠らずに）集中的におこない、双方の因果関係を理念型的に定式化してみて、そのうえでこんどは、個別事例ごとにふたつの因果系列を総合し、「相互的影響関係の構造」ないし「互酬／循環構造」を究明し、再構成する、という方針を採って進む以外にはないであろう。もとより、ある「互酬／循環構造」の「原因⇅結果」関係について、双方の比重が（ある期間固定化されて持続することはあっても）つねに不変とはかぎらず、たとえば当初（つまり初期条件において）ある原因が圧倒的に優勢でも、互酬／循環関係が作動し始めると、次第に結果の反作用が重きをなし、ついには（比重が逆転して）原因の作用を圧倒し、形骸化させ、最後には駆逐してしまう、といった「構造変動」も起きえよう。[8] 他方、そう考えれば、当の「構造変動」の途上で、なにかの事情から、比重が反転し、当初の原因の作用が蘇生／回復される「復初」ないし「ルネッサンス」といった局面も、当然生じうると考えられよう。

第二節　「三段階研究プロジェクト」と「倫理」論文の方法的被限定性

さて、ヴェーバーは、「倫理」論文（初版一九〇四—五、改訂版一九二〇）の末尾で、将来の研究プロジェクト（後述）を提示したあと、この問題に関連して、（要旨）「文化と歴史の『唯物論』的な因果的説明も、『唯心論』的なそれも、ともに可能であるが、研究の準備としてではなく、結論として主張されるとなると、双方とも歴史的真理のためには役立たない」と、形式論理的には矛盾ともとれる趣旨の立言をおこなっていた。[9] ということはしかし、将来の「研究への準備としてなら、双方とも歴史的真理のために役立つ」ということであろう。

さらに、『宗教社会学論集』の「序言」では、学問（自然科学と歴史科学）／団体生活の規制様式（法、法典編纂）／音楽（和音、対位法、記譜法）／建築（ゴシック様式）／絵画（遠近法）／コミュニケーション手段（新聞、雑誌）／高等教育（専門的修練）／組織管理（官僚制）／政治的意思決定の仕組み（「身分制国家」、議会、政党）／国家形態（「近代国家」）／経済体制（「近代資本主義」）の順で、広汎にわたる東西文化の類例比較を試み、西洋（とくに近代）の文化諸形象に特有の「合理主義」に注目し、「その**特性**を認識し、それがなぜ西洋でのみ〔自生的に、他文化圏からの影響を受けずに〕発生したのかを説明する」という課題を設定したあと、その説明方針をつぎのように提示している。「そうした説明のくわだてはすべて、経済のもつ基本的意義 fundamentale Bedeutung に応じて、なによりもまず経済的諸条件を考慮するものでなければならない。しかし、この点については、逆の因果連関 der umgekehrte Kausalzusammenhang もまた、無視されたままであって unbeachtet bleiben はならない。というのも、経済上の合理主義は、その発生において、合理的な技術や合理的な法ばかりでなく、特定の実践的‐合理的な生き方を採る人間の能力や素質にも依存していて、そうした能力や素質がなんらかの心理的障碍によって妨げられたところでは、**経済における**合理的な生き方の発展も、重大な内面的抵抗に遭遇した。ところで、生き方を形成するもっとも重要な要因は、過去においてはつねに、呪術上および宗教上の諸力と、それらへの信仰に根ざす倫理的義務の観念であった。以下の諸論稿は、〔大部分『社会科学／社会政策論叢』に発表した初稿に〕補正を加えて収録するものであるが、**まさにそうした**〔呪術上ないし宗教上の諸力と、それらへの信仰に根ざす倫理的義務の観念が、人間の「生き方の合理化」にいかに正負の作用をおよぼしたのか、という〕問題を取り上げている。[10]」

さて、「因果連関」とは「一方向的／一面的な原因→結果関係」と頭から信じて疑わない「生硬で偏狭な独断論者」は、「公式主義（的唯物論）者」ならずとも、この「逆の因果連関」という表記に、すでに抵抗を感ずるであろう。ところが、ヴェーバーは、右記の説明方針を規準に、収録論文をつぎのように類別する。

「冒頭に置かれているふたつの比較的古い論稿は、**ひとつの**重要な個別論点にかぎり、そうした問題のもっとも捉えにくい側面、すなわち、ある経済形態を支える『経済志操 Wirtschaftsgesinnung』つまり『エートス Ethos』の発生が、宗教上の特定の信仰内容によって制約されていたという問題を、近代の経済エートスと禁欲的プロテスタンティズムの合理的倫理との連関という実例に即して、究明しようとするものである。したがってそこでは、因果関係の一面 eine Seite der Kausalbeziehung が追求されるにすぎない。そのあとにつづく『世界宗教の経済倫理』にかんする諸論稿は、一方にもっとも重要な文化（諸）宗教、他方に文化宗教それぞれの環境をなす経済と社会層分化、この双方の関係を見渡しながら、そのあとで分析されるべき西洋における発展 die weiterhin zu analysierende okzidentale Entwicklung との**比較の**観点を見いだすのに必要なかぎりで、因果関係**の両面** *beide* Kausalbeziehungen を追求しようと試みている。というのも、そのようにして初めて、他［文化圏］の宗教的［に制約された］経済倫理とは対照的な、西洋のそれに固有の諸要素について、多少とも明確[11]な因果**帰属**に着手することができるからである。したがって、これらの諸論稿は、きわめてさまざまなことがらを圧縮して含んではいても、［ある文化圏の］文化の包括的な分析であるなどと主張するものではない。むしろそれぞれの文化領域について、西洋の文化発展と対照的であったか、現に対照的であるものが、故意に強調して取り出される。つまり、［将来］**こうした**観点のもとで西洋の発展を叙述するさいに重要になると思われることがらだけに、焦点が合わされている。こうした目的が設定され、与えられているからには、それ以外のやり方はおそらく不可能であろうと思われたのである。だが、誤解を避けるために、目的がこのように限定されていることを、ここではっきりと表明しておかなければならない。[12]」

ここに明示されている研究のプログラムを、念のために取り出してまとめてみると、

I 「経済の基本的意義」にもかかわらず、あるいはまさにそう信じられてきたがゆえに、また、「もっとも捉えにくい」がゆえに「無視されたまま」できている「宗教→経済」という「逆の因果連関」「因果関係の一面」を、さればこそその被限定性を自覚して選択し、そういう因果関係がもっとも顕著に現われたと見られる事例に即して、(方法自覚的/理念型的に、故意に)一面的に分析する研究、そのうえで、

II それにたいして「宗教→経済」「経済→宗教」という「因果関係の両面」を分析する研究(とはいえ、「なにもかにも分析」、「文化の包括的研究」ではなく、つぎの段階に「目標」として予定されているIII「西洋における文化発展の研究/叙述」で、「西洋に固有の宗教的〔に制約された〕経済倫理の諸要素につき、多少とも明確な因果帰属」を達成するため、それに必要な「比較の観点」を見いだすのにこれまた必要なかぎりで、選択的/限定的になされる研究)、

III 右記IとIIの予備研究を踏まえ、IIで見いだされた「比較の観点」群から前景に取り出される「特徴」群を総合して、「西洋の文化発展の特性」を描き出し、そのなかで「西洋に固有の宗教的〔に制約された〕経済倫理」とりわけ「経済上の合理主義」を、しかるべき「特徴」的諸要因に「多少とも

明確に因果帰属」する研究/叙述、に三分されよう。そして、「倫理」論文は、このうちのIに、「世界宗教」シリーズはIIに類別されるが、いずれも「目的」としてのIIIをめざす「予備研究」として、限定的に位置づけられている。

しかも、ここで注意したいのは、こうしたプログラムと「倫理」論文の位置づけが、この「序言」(一九二〇)で初めて提示されたのではなく、すでに一九〇四―五年の「倫理」論文初版に明言されていた、という事実である。ヴェーバーは、第一章「問題提起」のむすびで、右に繰り上げて引用しておいたとおり、宗教改革期における物質的基礎、社会的/政治的組織形態、および精神内容の間に、「複雑な相互的影響関係」があると認め、当面は、特定の宗教的信仰内容とある種の職業倫理との「選択的親和関係」を分析して、前者が後者をとおして物質文化(経済)におよぼした影響の事実と方向を確証するという課題に、自己限定していた。

また、第二章第一節「世俗内禁欲の宗教的諸基盤」では、「禁欲的プロテスタンティズム」における「世俗内禁欲」の宗教的動機づけにつき、カルヴィニズム、敬虔派、メソディスト派、洗礼派系諸ゼクテの順で検討を加え、第四番目のむすびに近い箇所には、つぎのとおり方法上注目すべき断り書きを挿入している。

「洗礼派系の諸宗派における世俗内禁欲をいっそう強めるのに役立った、いまひとつ重要な要素も、やはり別の関連においてでなければ、その意義を十全に論ずることはできない。とはいえ、ここで選択されている叙述の進め方が正当であることの釈明も兼ね、この問題につき、ここであらかじめ〔つぎの姉妹論文「プロテスタンティズムのゼクテと資本主義の精神」で詳論するのに先立って〕二三のことは述べておきたい。この論文では、ことさら暫定的にganz absichtlich vorläufig、古プロテスタント諸教会の客観的／社会的制度とその倫理的な影響、とりわけきわめて重要な**教会規律**を起点とは**せず**に、むしろ**個々人**による禁欲的宗教性の**主観的**獲得が、当人の生き方にいかに特徴的な作用をおよぼしたのか、と問うところから出発した。というのも、従来この側面にはほとんど注意が払われてこなかったためばかりではない。むしろ、教会規律の作用が、かならずしもつねに同一ではなかった〔方法的な生き方への主観的推進力を強めるとはかぎらず、外面的強制に終わることもしばしばあった〕からである。(13)」

ヴェーバーの叙述は、よく考えてみれば当然のことであるが、つねに現実の多面性／多様性に配慮しながら、そのつどある側面のみを（根拠を挙げて）自覚的に選択し、それに限定して議論を集中している。しかもそのさい、いかなる側面を選択するのかといえば、従来ほとんど注目されてこなかった一面を、さればこそ意図して選択する、ということがしばしばあり、ここでもそうである。

以上のとおり、「因果関係」にたいするヴェーバーの方法上のスタンスを確認したうえで、ふたたび「倫理」論文の末尾に戻ると、そこでは残された研究課題が、

1　まずは禁欲的プロテスタンティズムを歴史上の与件と見立てたままで、そこから派生する禁欲的合理主義が、

（1）こんどは社会政策的倫理の内容に、したがって私的な集会から国家にいたる社会形成態

soziale Gemeinschaften の組織や機能のあり方に、どんな影響をおよぼしたのか、また、
（2）人文主義的合理主義とその生活理想ならびに文化的影響にたいして、いかなる関係にあったか（側面からどのようにかかわり、影響をあたえたか）、さらに、
（3）①哲学上ならびに科学上の経験論の発展に、②技術の発展に、③精神的な文化諸財に、それぞれいかなる関係をもったか、を分析し、最後に、
（4）「禁欲的合理主義が、中世における世俗内禁欲の発端から歴史的に生成され、やがて頂点をとおりすぎて純然たる功利主義に解体する経緯を、**歴史的に**、しかも禁欲的宗教性の個々の普及地域に即して追跡する」[14]というふうに設定され、
「そのようにして初めて、禁欲的プロテスタンティズムがどの**程度**の文化意義をもったのかが、［たとえば右記（2）で取り上げる人文主義など］近代文化の造形に与った他の諸要素との関連において、突き止められよう」と述べ、「この論稿では、手初めに erst、［市民的職業義務観ないし職業エートスの形成という］重要ではあるがひとつの点についてのみ、そうした影響の事実と**あり方**を、動機に遡って解明しようとしたにすぎない」と限定している。そのうえで、
2　こんどは当の禁欲的プロテスタンティズム自体が、「それはそれとして、その歴史的な生成においても特性についても、社会的な文化的諸条件の総体、とりわけ**経済的な**諸条件によって、どのように影響されたのかも、明らかにされなければならない」と述べ、先に引用した「唯物論も唯心論もひとしく可能だが、研究の準備としてでなく結論として主張されると、ひとしく歴史的真理には

役立たない」との趣旨につないで、「倫理」論文を締め括っている。[15]

さて、このあたりで、「そういう箇所なら、誰もが読んで知っている、なにをいまさら、ことあらためて延々と引用するのか」と反撃の狼煙が上がりそうである。しかし、「読んで覚えている」からといって、その意味に思考を凝らし、「十全に理解している」とはかぎらない。戦後日本のヴェーバー研究は、「戦後近代主義」の政治（－思想）的動機から、「倫理」論文のみを『宗教社会学論集』から抜き取って「聖典化」する——つまり、そこに肝要なことはなにもかも述べ尽くされていると信じ、その選択的被制約性ないし意図して限定された性格を、無視（しないまでも軽視）する——傾向を帯びてはこなかったか。そのため、この一「論文」を、著者自身の思想展開のなかで相対化し、著者自身がみずから設定し、忠実にしたがってもいる制約に即して、右記「三段階研究プログラム」の一環それも最初の予備研究として、読み返すことができなかったのではあるまいか。

第三節　初期条件（一六世紀市民のプロテスタンティズム改宗）問題は留保し、継続条件の「宗教→経済」分析に限定して、読者との事実を挟む対話を展開

さて、ヴェーバーは、宗派所属率と近代市民層帰属率との相関関係にかんする右記ⓐの「唯物論」

的解釈を、「今日①②③の社会－経済的地位を占めるには相応の出費ないし教育費の支出を要する」という現実の条件を的確に捉えている点で、まず「ある程度までは bis zu einem gewissen Grade」正しいと認める。しかしそのあと、当の解釈をすぐさま全面的に正しいと認めて他を顧みないのではなく、さりとてもとより、全面的に誤っているとして排除しにかかるのでもなく、むしろ「その解釈では説明が困難と見える事実」を挙示し、当の解釈の経験的妥当性に疑問を呈し、「その事実を無理なく説明するには、むしろこう考えたほうがよいのではないか」と、別様の考え方／説明の可能性を、まずは仮説として提出する。つまり、「生硬で偏狭な独断論者」のように、ある解釈ないし説明の可能性を、頭から「誤り」として「排除」したり、あるいは逆に、初っぱなから「正しい」と「信じ込ん」だりするのではなく、むしろ、そのつど経験的データと照合して、その経験的妥当性を相対的に制限しながら、他の(しかも「それまでは無視されたままでいた」)説明の可能性を掘り起こし(優勢な旧説に対抗して、いわば「新説の妥当空間を開拓し、開け放ち」)、当初の解釈だけでは説明できない事実も包摂して説明できる、いっそう包括的な説明体系のなかに、(当初の旧説、索出された新説を、ともども)止揚していこうとする。ということはとりもなおさず、「偶像崇拝か偶像破壊か」の同位対立に根ざす「白か黒か」の決め分け論を越えた地平に立ち、読者との間で、事実を挟む対話を繰り広げる、ということである。[16]

ところで、ⓐ説が右記のとおり、今日の経済的条件は的確に捉えて、そのかぎり「ある程度までは経験的に妥当」と認められるにしても、ここでただちに、「では、一六世紀の富裕な市民層がよりによって『プロテスタンティズム』に改宗したのはなぜか、その事実は、どう説明されるのか」との疑問が生じよう。つまり（歴史的に「互酬／循環関係」が作動し始める）初期条件が、問題として提起される。

さて、この問題に「唯物論」者に代わって答えるとすれば、こうも言えようか。すなわち、「富裕な市民層とは、経済生活（「土台」「下部構造」）においていちはやく伝統から解放され、自由に新機軸を打ち出して営利に結びつけることができた、進取の気性に富む人々であったにちがいない。そうであればかれらは、宗教生活（「イデオロギー的反映」「上部構造」）においても、同様に伝統（ローマ・カトリック教会による生活規制）から解放され、自由に新しい信仰と教説（プロテスタント諸派）に赴くことができたはずだ」と。ところが、こうした（二〇世紀の同時代人には一見もっともな）説明にたいしては、ローマ・カトリック教会における宗教性の弛緩（たとえば「贖宥状」／「免罪符」販売）に「異議を唱えて」登場した古プロテスタンティズムは、それ自体、信徒の生活にたいする宗教的規制一般を緩和するどころではなく、かえってそれを強化した。この（今日とかく忘れられがちな）事実が想起されなければならない。とりわけ、カルヴィニズムの厳しい教会規律は、当時一般には耐えがたいものと感得されていた。ところが、経済生活において興隆しつつあった「市民的」中産階級は、カルヴィニズムの「歴史に類例を見ないほどの専制支配」に服したばかりか、不承不承に受け入れて忍従するというのではなく、かえってその擁護に決起して「**市民階級そのもの**にとって空前絶後ともいうべき英雄的行動を示した」のである。こうした事実を、右記の

「唯物論」的な「一般解放説」は、どう説明しようというのか。

しかし、ヴェーバーは、ここではこの「問いかけ」に答えない。それどころか、「倫理」論文全篇に、この問いにたいする答えを求めても、(筆者が調べたかぎり)見つからないし、見つからなくて当然――この論文にたいするかれの方法的限定から見て「整合的 richtig」――である。この「問いかけ」を発して第一段落の叙述を終えたヴェーバーは、つぎの第二段落から、継続条件における「宗教→経済」の「逆の因果連関」に転進する。つまり、一六世紀以降興隆を遂げつつあった市民階級(ここでは「市民層」とはいわず「市民階級」と明記していることに注意)の経済的諸条件から、かれらの「プロテスタンティズム」へのコミットメントと(「イデオロギー的方便」としては片づけられない)積極的／英雄的擁護行動を説明しようという「経済→宗教の因果連関」の究明は、この「倫理」論文では、故意に断念されている。[17] あるいは、ヴェーバー自身が、そうした究明の課題を、ここで「唯物論」者に代わって引き受けようとはしていない。かれとしては、そうした説明が課題とされ、可能でもあろうことは重々承知のうえで、この論文における自分の研究課題は、あくまで「逆の因果連関」のみにある、と選択的に限定する。つまり、一六世紀以降興隆を遂げつつあった市民階級が(なぜか、ただしわけあって、けっしてたんなる「アクセサリー」としてではなく)「プロテスタンティズム」に改宗したという事実を、歴史的な与件として受け入れ、そこからかれらの経済生活にいかなる「反作用」が生じてきたのか、という継続条件における「宗教→経済の因果連関」問題に、研究課題を意図して限定している。あるいは、西洋近代における経済発展を、経済の領域のみで説明し尽くそうとするのではなく、宗教性に媒介された発展として総体的に捉えようと意図してはいるが、この論文では手初めに、当の媒介関係の一面、すなわち「宗教→経済」の規定関係に限定して、問題を提起しようとしている、といいかえてもよかろう。「倫理」論文の冒頭だけを読むと、第一段落から第二段落への移行が唐突で、(悪意にとると)「問題設定だけではぐらかされる」という印象も生じかねない。しかし、(勢いあまって華々しく提示されたかにも見える) 問題設定は、じつはここで、第一段落かぎりで、解答を与えられずに、はっきり放棄されている。この移行箇所を、前述のとおり、第一章「問題提起」の末尾、全篇のむすび、および『宗教社会学論集』「序言」に明示されている、ヴェーバーの方法上のスタンス/自己限定と結びつけて考えれば、そのように解するほかはあるまい[18]。

そこで、ヴェーバーは、第二段落に転じ、継続条件における「宗教→経済の因果連関」にかかわる、二種の事実群を挙示する。ひとつは、プロテスタントの子弟が、カトリック教徒の子弟に比して、(人文主義的教養本位の) ギムナジウムではなく、むしろ右記 (①②③とくに③) の地位に就く準備教育を施す実科学校に、好んで入/進学する傾向である。こうした学校種/学歴選択の特性は、財産所有よりもむしろ、郷里や家庭の宗教的雰囲気によって左右され、かれらの「人生観」したがって「生き方への動機づけ」の違いを表示していると見られよう。いまひとつは、カトリック教徒の手工業徒弟が、そのまま手工業に滞留して親方になろうとするのに、プロテスタントは、当初には手工業に就職して技能訓練を受けるとしても、それをたんなる準備期間と目して、なるべく早く切り上げ、近代的な大工場や大店舗の熟練労働者や経営事務員に転進しようとする。こうした職歴選択の特性もまた、学校種／学歴選択のばあいと同様、宗教的動機との関連を示唆し、その主題化を促す事実といえよう。このようにヴェーバーは、一方では宗派所属、他方では学歴および職歴の選択という二現象間に観察され（部分的には統計的データによって立証され）る「経験的一般化命題」を提示し、「ⓐ説からの演繹ではこの事実は説明できない」との理由で、ⓐ説（を全面的に排除するのではなく、むしろそ）の経験的妥当性を「ある範囲まで」に制限し、代わっては（同時代の相関事実したがって明らかに継続条件における）「宗教の反作用」「宗教→経済の因果関係」を、一定の事実的根拠にもとづいて示し、ⓑ説への道を切り開くのである。

第四節　宗派が歴史上置かれた外的状況か、内的信仰内容か——前者による説明の可能性一般は認めたうえ、当面の問題では、根拠事実を示して後者に限定

そういうわけで、「プロテスタント」であることは、学歴や職歴の選択を（①②③の地位をめざすのに有利な、という意味で）合理的に規定し、結果として「近代市民層帰属率」を高めるのに与って力あると考えられる。しかし、そこからただちに、そうした作用が（「プロテスタンティズム」という）宗教性そのもの、あるいは内面的信仰内容に発している、と速断することはできない。とい

うのも、ある時期、ある社会で「プロテスタントである」ということは、「プロテスタンティズム」を内面的に信奉しているということと同時に、その社会の歴史的事情から、当の「プロテスタント」がいかなる政治的／社会的地位を占めているのか――とくに、「多数派 majority」か、それとも「少数派 minority」か――という対外的／外面的側面も含み、これによって当該信徒の職業選択や運命が左右されることも否定できないからである。とくに、異民族社会に居住している「少数派」は通例、当該社会の（「多数派」によって壟断される）支配者「身分」にはのし上がれない社会的状況から、「ルサンチマンないしは過補償」動機を抱き、それだけ「名誉」欲をつのらせ、これらを（かれらにも許容された）経済活動の領域でいかんなく発揮／充足しようとし、異例に精力的に営利を追求する傾向を帯びる。この関連事実は、「散住のユダヤ教徒」や「華僑」など、東西の歴史的典型例から、「一般経験則」にしたがって容易に察知されよう。[19]

ところが、この観点から翻って「カトリック教徒」と「プロテスタント」とを比較してみると、前者は、たとえば北ドイツのカトリック教徒のような「少数派」のばあいにも、経済活動熱を示さないのに、後者は、「ユグノー」のような「少数派」はもとより、アングロ・サクソン系のプロテスタント諸派のように、それぞれ「多数派」をなす（「少数派」としての「過補償」動機」は欠く）ばあいにも、営利追求への傾向を顕著に示している。したがって、「プロテスタント」が「カトリック教徒」に比して経済活動に熱心で、営利を求めて合理的に学歴／職歴を選択し、結果として「近代市民層」に帰属するのは、「主として der Hauptsache nach」[20]、「少数派」か「多数派」かという（諸宗派が歴史的に置かれた、そのときどきの）政治的／社会的地位よりもむしろ、かれらがまさに「プロテスタンティズム」という特定の信仰内容を（相対的には持続的／恒常的に）抱懐している事実に起因する、と考えなければならない。

ただし、第三段落のこの結論は、「少数派」の「過補償」動機による説明の可能性を、単純に排除しているのではない。ヴェーバーは、右記第三段落の結論に注を付して、つぎのように述べている。

「もとより、この結論は、〔諸宗派がそのときどきに置かれた〕外面的な歴史的‐政治的状況がきわめて重要な結果を生じてきているという事実を、けっして否認するものではない。また、当の結論はとりわけ、つぎの事実と矛盾するものではない。すなわち、プロテスタントの数多のゼクテ（教派）が、小規模で、したがって同質的な『少数派 Minoritäten』をなした、という事情が、後に〔姉妹論文「プロテスタンティズムのゼクテと資本主義の精神」で〕論ずるとおり〔「過補償」動機を惹起するよりもむしろ、「生き方／行状にかんするゼクテ仲間の緊密な監視／督励下で自己主張／自己確証しなければならない」という要請に常時構成員をさらすことをとおして〕かれらにおける生活上の雰囲気全体の発展に、決定的な意義をもち、経済生活にたいするかれらの関与の仕方にも反作用 zurückwirken したという事実、これである。たとえば**厳格な**カルヴィニストも、[21] ジュネーヴとニュー・イングランド以外の地方では、当初からいたるところで、かれらが政治上支配的な地位を占めたところでさえ、そうした小規模で同質的な『少数派』をなしていたのである。[22]」

このようにヴェーバーは、人間の社会的行為について、「そういう『少数派』の社会的状況に置かれたばあい、人間は通例、（もとより他のもろもろの動機とならんで）『過補償』動機を経験し、これに駆られて行為しうる」、あるいは『『少数派』として『小規模集団』に結集して生きざるをえない社会的状況から、『過補償動機』よりもむしろ、仲間同士の相互監視／相互督励へと動機づけられ、比較的高水準の規律を保持しうる」というふうに、ある状況から生ずる（唯一とはかぎらない）類型的動機づけ一般を、「明証的に理解はできる」可能的要因と認め、（後には）つとめて決疑論的に定式化する。そうしておいて（後には、ありうべき動機づけの決疑論／カタログの「道具箱」を携えて）、個々の研究事例に臨み、「このばあいにはどうか」と問い、右記のような比較対照試験（因果帰属）により、このばあいにかぎっては「外面的地位から派生する過補償動機」や「ゼクテ仲間間の相互監視／相互督励動機」よりも「（まだ中身は分かってはいないが、さしあたり）恒久的な信仰内容から派生する（と考えるほかはない）動機」のほうが、関連諸事実をよりよく説明できる、別言すれば、前者よりも後者のほうが「経験的妥当性は（相対的に）高い」という結論を引き出すのである。(23) 経験的データによる検証の、こうした事実上の帰結から、この問題にかけては、少なくとも当面、過補償動機よりも信仰内容動機に限定して、さらに「その信仰内容とはなにか」という方向に、探究を（読者との対話をとおして）一歩進めようとするのである。

第五節　宗派別の大雑把な比較ではなく、双方から「真摯な宗教性」の代表例を取り出しても、営利追求傾向には差異。「弛緩」でなく「親和関係」の所産か。

そこでヴェーバーは、第四段落に移り、「プロテスタント」(もうここでは「プロテスタント」一般ではなく、「プロテスタント諸派」)の持続的/恒久的信仰内容のうち、いかなる要素が、信徒たちを駆動して、学歴と職歴を合理的に(①②③の地位をめざすうえで「目的合理的」に)選択させ、その職業において(おそらくは同じく合理的に)精励刻苦させ、その結果、①②③の地位に到達するように、作用したのか、また、現に作用しているのか、を問題とする。この問いにたいしては、ドイツだけに視野をかぎって「問題を皮相に観察し、ある種の近代的印象にしたがうと」、(とくに北ドイツの)カトリック教徒が「世事に疎く weltfremd」、禁欲的であるのにたいして、「プロテスタント」はもともと(あるいは「プロテスタンティズム」が生活内容全体にもたらした世俗化の結果として)「唯物主義」に傾き、「世のたのしみ Weltfreude」を求めて止まず、営利追求に適する性質を身につけているからだ、とも答えられよう。戯れ言に「うまいものを食わないなら、寝て暮らそう」とあるが、プロテスタントは進んで「うまいものを食おう」とするのに、カトリック教徒は「寝て暮らそう」とする、というのである。

ところが、ヴェーバーによれば、「じっさい、**ドイツ**しかも**現在の**プロテスタントのうち、教会に比較的無関心となっている人々は、『うまいものを食おう』という動機で、不完全ではあるが、少なくともある程度までは正しく zwar unvollständig, aber doch wenigstens teilweise richtig、特徴づけられよう。しかし、過去に遡ると、事情はまったく異なる。イギリス、オランダ、およびアメリカのピューリタンは、周知のとおり『世のたのしみ』とは正反対の特徴を帯びていた。……また、たとえばフランスのプロテスタンティズムは、カルヴィニズムの教会が一般に、またことに信仰闘争の時代に『十字架のもとに』あったところではいたるところで示した、当の〔真摯で禁欲的という〕特徴を、その後も永く保ちつづけ、今日まである程度は in gewissem Maße 保持している。それにもかかわらず——あるいはむしろ、おそらくはまさにそれゆえに、とわれわれは問うことになろうが——、かれらは周知のとおり、フランス工業における資本主義的発展のもっとも重要な担い手の一端をなしたし、迫害の影響から免れた僅少な範囲では、今日でもそうである(24)」。

というわけで、一口に「カトリック教徒」とか「プロテスタント」とかいってみても、歴史的な現象形態は多種多様で、たとえばフランスのプロテスタントと北ドイツのカトリック教徒とは、「**両者とも**、〔前者については〕下層は『世のたのしみ』を追い求め、上層は直截に反宗教的となっているフランスのカトリック教徒、〔後者については〕いまや世俗的な営利生活において興隆に向かうと同時に、上層部は著しく宗教には無関心となっているドイツのプロテスタント、というような、〔それぞれの属する社会で〕支配的な勢力をなしている宗教上の党派 vorherrschende Religionspartei にたいしては〔「真摯な宗教生活」の堅持にかけて〕同一方向の背反関係を示している〔点で、当の支配的党派からは区別される[25]」。だが、それと同時に、当の同じく「真摯な宗教生活」において、一方のフランスのプロテスタントは、営利追求と経済上の合理主義への傾向を示し、他方の北ドイツのカトリック教徒は、同一の傾向を示さない点で、相互にも区別される[26]。この類例比較から明瞭に示されるとおり、一方では、「カトリック教徒」は一般に「世事に疎い」とか、「プロテスタント」一般は唯物主義的に「世のたのしみ」に与するとか、そういう大雑把な観念に頼っていたのでは、なにごとも始まらない。そうした一般論は、現状にたいしても妥当でないばかりか、少なくとも過去の事情にはまったく当てはまらない。他方では、「そのような観念を用いて〔宗派別経済志向の比較をとおして、宗派信仰から派生する経済活動への動機づけを索出しようという線に沿って〕さらに議論を進めようというのであれば、**そのばあいには**、すでに取り上げた〔たとえば、フランスのプロテスタントと北ドイツのカトリック教徒とにかんする〕例解以外にも、なお数多の観察が加えられ、その結果いやおうなく、一方では世事に疎く禁欲的で信仰に熱心なことと、他方では資本主義的営利生活に携わることとは、けっして対立する〔後者がもっぱら前者の弛緩の産物である〕のではなく、むしろ逆に、互いに内的な**親和関係** *Verwandtschaft* にある〔双方が互いに他方を求め合い、選択的に結合すると、もはや容易には離れがたい関係になる[27]〕という考えにさえ、近づくことになろう[28]」。

さて、一見意外にも思われようが、事実の示すところにしたがい、この線に沿って観察をつづけると、まず、敬虔派の真摯な信徒が、しばしば商人層の出身であるという事実に目が止まる。ただし、この事実も、ただちには「親和関係」に帰せられない。というのも、アッシジのフランチェスコ（一一八二〜一二二六）のばあいと同様、商人としての拝金主義にたいする一種の「（心理的な）反動形成 reaction-formation」から、真摯な宗教性への「改信」がなされ、本人も主観的にはそう述懐していることがしばしばあるからである。また、セシル・ローズにいたるアメリカの大富豪が、しばしば牧師の家庭から出自している事実も、順序は逆であれ、幼少年期の禁欲強制にたいする「反動形成」としても説明されよう。[29] ヴェーバーによれば、こうした「反動形成」による「対極への転向と過同調」は、確かに「目立って頻繁に起きる現象 so auffallend häufige Erscheinung」[30]ではある。そこで、その方針による説明の可能性を排除するのではなく、むしろ仮説として採用し、当面の問題に適用してみると、どうであろうか。

　かりに、精力的な経済活動と敬虔な信仰とが、そうした「反動形成」による「反転」「対極への癒着」として説明されるとすれば、順序はいずれが先であっても、双方がともかく段階的継起をなして出現していなければならないであろう。ところが、「プロテスタンティズム」の特定宗派には、両者が同時に、しかも孤立的／例外的個人にではなく、集団現象として併存している事実が認められ、周知のこととなっている。こうした事実を「反動形成」として説明するのは、いかにも無理であろう。むしろ、敬虔な信仰そのものから、どういう動因連鎖を伝ってかはまだ分からないとしても、いずれにせよ順接的に、その信徒を精力的な経済活動に駆り立てる、なんらかの動機が生まれている（と同時に、そうした経済活動とその成果が翻って敬虔の度合いを高めてもいる）、つまり双方の間に「親和関係」（ないしは「敬虔な信仰を初期条件とする原因⇅結果の互酬／循環構造」）がある、と見るほうが妥当ではあるまいか。少なくとも、そのように見て、双方の間に隠されている動因連鎖の探究に乗り出すことは、本腰を入れてやってみる価値のあることではないか。

そこで、ヴェーバーは、「段階的継起か、それとも同時併存か」という観点から、念のため「プロテスタンティズム」の主要な諸宗派を調べ上げて、カルヴィニズム、クェーカーとメノナイト（洗礼派系）および敬虔派の順序で、集団的同時併存が歴史的に成立していた事実を確認する。しかも、そういう事実はなにも、ここでヴェーバーが初めて調査し、「世界初の発見」として誇示できるといったものではなく、すでにウィリアム・ペティ、バックル、キーツ、モンテスキューなど、過去の炯眼な観察者は、この併存事実に注目するばかりか、双方の間に「因果関係」があるとも解釈／揚言していた。ヴェーバーの同僚、ゴータインも、「カルヴィニストのディアスポラ（散住）」を「資本主義経済の育成所」とも呼んだ。こうした例証のあと、ヴェーバーはいう。

「そういうわけで、まったく暫定的な意味をもつにすぎないこの［第一節の］論述においては、これ以上、例証を重ねる必要はあるまい。というのも、右記のわずかな例証をもってしても、つぎのひとことは明瞭に示されているからである。すなわち、『労働の精神』と称するにせよ、『進歩の精神』と名づけるにせよ、あるいはその他なんと呼ぶにしても、通例プロテスタンティズムによって喚起されたと見なされがちなそうした精神は、今日一般に考えられているように『現世のたのしみ』を意味するとか、あるいはその他およそ『啓蒙主義的』な意味合いをもつものと理解されてはならない、ということである。ルター［のみでなく］、カルヴァン、ノックス、フォエトの古プロテスタンティズム der alte Protestantismus der Luther, Calvin, Knox, Voët は、現在われわれが『進歩』と呼んでいるものとはおよそ無縁であった。今日ではもっとも極端な信仰者といえどももはやなしで済ませたいとは思わない、近代生活の全側面に、古プロテスタンティズムは真っ向から敵対した。したがって、もしわれわれが古プロテスタンティズムの精神における一定の特徴と、近代の資本主義文化との間に、内面的な親和関係を認めようとするのであれば、われわれはそれを、古プロテスタンティズムが多少とも唯物主義的ないしは反禁欲的な『現世のたのしみ』を含んでいたというような（よくいわれる）側面にではなく、むしろその純然たる宗教的特徴のうちに求めるよりほかはない。[31]」

これが、第一節の結論である。ヴェーバーは、この自説をいきなりもちだしたのではなく、これに直線的ないし短絡的に突進してきたのでもない。むしろ、（マルクス／ニーチェ／フロイトといった思想圏の「唯物論」／「ルサンチマン」理論／「精神分析」から導き出されても不思議ではない、自説には対立する）通念ないし通説をひとつひとつ取り上げて、その「明証性」を確かめ、それによる「説明の可能性」一般は十分に認め、「決疑論」に繰り込んで保存しながら[32]、他方ではそれを、当面の問題にかんする「先行仮説」に見立て、データと突き合わせてその「経験的妥当性」を検証する。そして、（当面の問題にかぎっては）その経験的妥当性は制限するが、同時に、それに代わって当のデータをいっそう無理なく説明できそうな、（ただし「明証性」においては優るとも劣らない）つぎの仮説を立て、これも、同じように検証の篩にかける。こうした手順を繰り返し、よく自己制御が行き届いた仕方で、対立説をひとつひとつ止揚する形で、「近代市民層への帰属にいたる

『プロテスタント』の経済活動熱と合理性は、一見逆説的ながら、『プロテスタンティズム』(とくにカルヴィニズム他、特定宗派)に本来そなわっている宗教としての特性に帰するほかはない」という命題に到達した。そこでかれは、つぎのように述べて、第一節をむすぶ。

「われわれが問題をこのように設定するや、[プロテスタントの経済活動熱と古プロテスタンティズムの純然たる宗教的特徴との間に]ありそうな、いくつかの関係 eine ganze Anzahl möglicher Beziehungen が、漠然と感得されて念頭に浮かぶ。そこでただちにわれわれの課題とされなければならないのは、ここで不明瞭なまま念頭に浮かんでいる関係を、あらゆる歴史現象につきものの汲み尽くしがたい多様性にもかかわらず、できるかぎり明瞭に**定式化する** deutlich *formulieren* ことである。そのためにわれわれは、これまでのように[「カトリック教徒」、「プロテスタント」といった]曖昧な一般的表象を用いて論ずるのは止めて、歴史上、キリスト教の多種多様な特徴ある分肢としてわれわれに与えられている、あの大規模な一連の宗教思想[それぞれ]に固有の特性とそれら相互間の差異とを究明する試みに着手しなければならない。

しかしそのまえに、二三の事柄について述べておく必要がある。ひとつは、われわれが歴史的に説明しようとする対象の特性についてであり、もうひとつは、こうした研究の枠内でそうした説明が可能となるのは、いかなる意味においてか、についてである。[33]」

前半については、とくに注釈の必要もあるまい。そもそもヴェーバーが、「倫理」論文の構想を抱き、研究に没頭し、執筆にいたる以前の、生活史上の(「脱職業人化」という)契機とそこから導かれた原問題設定から、職業的禁欲（「痙攣」）以外には逃れるすべがないほどまで「救済」にまつわる不安を極大化する宗派と、反対に緩和する宗派、といった理念型的区別を立て、これがかれの研究にとっては死活の重要性・「価値関係性」をそなえていた事情[34]からしても、プロテスタント諸宗派を「プロテスタンティズム」としてひとしなみに取り扱うようなことは、いつまでもやっていられる相談ではなかった。救済追求者の「不安」といった心の内奥に立ち入ろうとすれば、追求者個々人、宗派、あるいは時期ごとの、信仰内容／動機づけ内容の恐るべき多様性に直面し、なおかつ、そうした対象の個性を損なわないように、しかも（「漠然とした感得」ではなく）概念で掬い取って、認識を深め、研ぎ澄ましていかなければならない。そういう前人未踏の道に足を踏み入れ、一歩一歩「解明」の方法を編み出しながら進む以外にはないのだ。したがってヴェーバーは、そのつど「こういう方法でやってみて、どこまでいけるか試してみよう」と読者に呼びかけ、当の方法を具体的素材に適用し、方法の検証も併せて、読者とともに歩もうとする。こういう二正面作戦の要請に貫かれていることが、この著者／この論文に唯一無二の「固有価値」（で、とりわけ歴史・社会科学の教材として貴重）と（筆者は）思うが、抽象的な方法論議に慣れない読者には、それがかえってこの論文を理解しにくくしている「欠点」と見られるかもしれない。この第一節が、引用後半のとおり、方法論的注釈への導入句でむすばれ、それを受けて第二節が、いきなり「方法論的覚書」に始まっているのも、両節の内容上の関連、第一節の（「問題提起」章の「問題提起」節という）位置価を、読み取りにくくしているといえないこともない。

第六節 「倫理」論文の問題設定——全篇の方法的位置づけと構成

では、第一節の暫定的例証によって突き止められた——「プロテスタント」を内面から駆って、経済活動熱を高め、学歴や職歴の合理的選択を促し、(おそらくは職場においても)精励刻苦させ、結果として「近代市民層」への帰属にいたらしめている(と第一節のデータからは推定された)——「実践的/心理的起動力」とは、いったいなにか。そのようにしていわば「外堀を埋めた」うえで、「本丸を攻めよう」とすると、それはいったい、どんな正体を現わしてくるのか。それを、「資本主義の精神」と命名するとすれば、その特性をもう少し正確に捉えて、概念的に定義すると、どうなるか。それには、どういう方法手順を踏めばよいのか。また、(そうして暫定的な定義はえられたとして、それと宗教性との関連を問い、特定宗派のプロテスタンティズムにおける信仰内容との間に、どのような「意味(因果)連関」があるか、を探究するまえに)それ(自体)が、近代の経済生活/経済発展にいかに関与したのかを、それ以前の歴史的背景(「資本主義の精神」の機能的等価態としての「伝統主義」)に遡り、それと対比して浮き彫りにしておくとすれば、どういうことになるか。こうした一連の問いに答えることが、つぎの第二節「資本主義の『精神』」のテーマであり、その主要内容をなしている。

ところがここで、つぎのような疑問が浮かぶであろう。「倫理」論文は、「プロテスタンティズムの倫理と資本主義の精神」と題され、表題では「プロテスタンティズムの倫理」が先で、「資本主義の精神」は後に記されている。とすれば、研究と叙述も、前者から始め、歴史的順序を追って後者に下ってくるほうが、「ものごとの理」にも、歴史書の常識にも、適っているのではないか。それなのに、ヴェーバーはなぜ、順序を逆にして、「資本主義の精神」から始めているのか。これは、問われるべくして問われてこなかった（と思われる）適切な質問であろう。では、ヴェーバーは、この問いにどう答えるか。

第二節で「資本主義の精神」と命名される「実践的／心理的起動力」は、第一節の、もっぱら例証に頼る「まったく暫定的な意味をもつにすぎない論述」では、「プロテスタンティズム」の恒久的信仰内容から派生する——そこから、なんらかの内面的動機連鎖を伝って、その最終環として現われる——らしい、と推定された。ところが、そうした推定だけでは、もとより歴史的真理とはいえない。なるほど、いくつかの例証からは、当の「動機連鎖」が歴史的にはたらいたのではないか、といちおう無理なく考えることができた。しかも、その考えには、過去の炯眼な観察者からの証言もえられたし、先行研究もある。そこで、その着想を、仮説として採用し、経験科学一般の方法手続きにしたがい、いっそう広汎かつ細密な歴史的データに照らして検証していけば、歴史的真理として立証し、樹立することも、あるいはできるかもしれない。第一節の例証と歴史的証言からは、そうした研究に、少なくともここで本腰を入れて取り組むだけの価値がありそうだ、との保証はえられたことになろう。とすれば、当の推定をそうした歴史的——というよりも歴史科学的——真理として立証することこそ、第二節以下の内容をなしているといえる。しかし、そうだとしても、なぜそのさい、第二節「資本主義の精神」が先で、「プロテスタンティズムの倫理」との関係を問う内容が、第三節「ルターの職業観」以下というふうに、後につづくことになるのか。

　では、歴史科学として、当の推定による「動機連鎖」、すなわち「プロテスタンティズム」の信仰内容と、問題の「実践的／心理的起動力」との関連を、「明証的に理解」され、かつ「経験的にも妥当な」「意味（因果）連関」として立証する[35]とは、どういうことか。どういう手順を踏めばよいのか。それには、（第一節では例証にもとづく大まかな推論によって想定された）右記の「動機連鎖」を、いったん仮説に戻し、経験科学としての方法手順にしたがって、歴史的事実（データ）による検証に委ねなければならない。そのばあいには、当の「実践的／心理的起動力」（「資本主義の『精神』」と命名）も、ア・プリオリ（先験的）に「プロテスタンティズムに発する動機連鎖の最終環」と決めてかかるわけにはいかない。むしろ、「プロテスタンティズム」からの由来そのものが改めて問われ、説明されるべき「被説明項」（「X_1―X_2―X_3―X_4―X_5……―Y」といった多項目連関の最後尾Y項）として、「プロテスタンティズム」との関連もいったん白紙に戻して、新たに措定され、（「歴史的個性体」として）概念構成されなければならない。そのうえで、そうした「被説明項」としての「資本主義の精神」（Y）から出発して、因果遡行を開始し、一口に「プロテスタンティズム」といっても、さまざまな宗派の、さまざまな信仰内容のうち、どれに、どのように「意味（因果）帰属」できるか、一歩一歩探究し、「解明」していかなければならない。そのようにして、ひとまず因果遡行が完了し、「意味（因果）帰属」が達成されてから、遡行限界点としての特定のプロテスタンティズム信仰要因（X_1）と、出発点としての当の「実践的／心理的起動力」（「資本主義の『精神』」Y）とが、歴史的な起点と、歴史的な到達点とに、置き換えられ、当の「意味（因果）連関」（X_1→……→Y）が、歴史の理念型的経過として捉え返されよう。そうしておけば、個々の事例はそれぞれ、「意味（因果）連関」項目中のひとつにもっとも接近するとしても、当然（現実の多様性からして）、前後に分散し（バラつき）、前後の夾雑物も含み込むものとして、当の理念型的（経過）スケールに当てて（偏倚、遠近を）測定され、位置づけられることになろう。そうすることによって初めて、「歴史叙述」は、歴史的な素材をただ直観的に「先にあるものが原因で後につづくものが結果」といわんばかりに——因果仮説に引き戻しての経験科学的検証抜きに——並べ立て、（せいぜい「因果関係」をもっともらしく見せる文学的表現力を競うだけの）大方の常識的／前科学的な年代記的歴史記述ないし歴史小説の水準を越えて、歴史科学に脱皮し、打ち固められるのである。

　そういうわけで、「近代市民層への帰属にいたるプロテスタントの経済志操」という被説明項を、いったん「プロテスタントの」という限定を外し、白紙に戻して、「資本主義の『精神』」と命名し、概念的に（「歴史的個性体」概念を構成して）把握する課題が、先にきて、つぎの第二節「資本主義の『精神』」の内容をなすことになる。そこで、当の「資本主義の『精神』」の暫定的例示に、そのかぎりでフランクリンの「二文書抜粋」が用いられ、そこから独特の「職業（義務）観」が取り出されて、これが第三節で「ルターの職業観」には「意味（因果）帰属」される「べくして、されない」ことが立証される。それゆえ、その「職業（義務）観」の遡行／帰属先が、さらに探索され、代わって本論で、(カルヴィニズムをもっとも首尾一貫した代表例とする、いわば「本命」としての)「禁欲的プロテスタンティズム」に、「意味(因果)帰属」されるのである。

たとえば(代表例としての)「カルヴィニスト」のばあい、(ここ「倫理」論文では)歴史的与件として(故意にカルヴァンの『キリスト教綱要』ではなく、平信徒代表による『ウェストミンスター信仰告白』を素材として)措定され、理念型構成される教理「(二重)予定説」X_1から、「はたしてこの自分は『選ばれ』ているのか、それとも『捨てられ』ているのか」といった(信徒個々人の全実存を覆う)深刻な不安X_2が生まれ、この不安から逃れるために、牧会の勧告にしたがい、(ルター派のように、「神の容器 Gefäß」として「自己目的(自己充足)的 consummatory」な「神秘的合一 unio mystica」に到達しようとするのではなく、むしろ)「神の道具 Werkzeug」として文字通り「道具的 instrumental」に職業労働に専念X_3し、時々刻々「永遠の生死」をかけた自己審査/自己制御(禁欲)X_4にもとづき、生涯「(選ばれた)恩恵の地位」を堅持X_5しようとする、そうした「動機連鎖」が形成される。こうした(宗教的・禁欲的な)「生き方の合理化」から、まずは、世俗内で「救済」を追求する――この方向への「軌道転轍」を達成したのは、ルターの歴史的「文化意義」であったが――信徒個々人の経済活動にも「禁欲的合理主義」がもちこまれ、「最大限の消費圧殺と(そうして節約されたかぎりにおける利潤の)次期運転資本への充用」をとおして、それだけ資本蓄積が促進される。そのようにして、当初にはひたすら「(宗教的)救済」を求め――与件としての「(二重)予定説」のもとでは無制約的につのらざるをえない「(救われるか否かの宗教的)不安」から、なんとかして逃れ、「この自分は神の道具である」と確信できる「安心立命」の境地（「救いの確かさ certitudo salutis」）に到達しようと、「職業労働」に専念して「世俗内（宗教的）禁欲」を強め——、まさにそうするがゆえに、財産がたえず資本に転じられて運用／蓄積され、「意図せざる結果」として「富が増大」するであろう。

　そうすると、一方では、この「結果の反作用」として、「富の世俗化作用」が生じ、富の増大とともにこの反作用も強まり、「富への安住」もつのり、翻ってそれだけ「（宗教的）不安」も、この「（宗教的）不安」ゆえの「（宗教的）禁欲」も、（「富への安住」という一種の「呪物崇拝」「偶像崇拝」ゆえに）それだけ弱まらざるをえない。他方では、当初にはそうした「（宗教的）禁欲」にもとづく「（経済上も）合理的」な「経営 Betrieb」による（したがって当初には信徒の経営者にかぎられる）めざましい資本蓄積が、（かならずしも信徒とはかぎらない、たとえばベンジャミン・フランクリンのように、カルヴィニストの息子で、カルヴィニズムの「予定説」は信じないが、非宗派的キリスト教／宗教一般は信ずるといった周辺分子を含む）市場利害関係者の間で注目を集め、「それはなにゆえか」が当初には直観的に感得され、やがては（ペティらにおけるように）ある程度知性的に認識されると、いまや「禁欲的プロテスタンティズム」の信徒ではない、したがって「（宗教的）不安」も「（宗教的）禁欲」ももちあわせてはいない市場利害関係者も、市場における淘汰に耐えて生き抜くには、（宗教的／内発的にではなくとも）「市場競争から派生する外的強制」には服して、一定程度「（宗教的）禁欲」者に倣い、あるいはその「（経済上も合理的な）生き方」だけは意図して「目的合理的」に採用して、自分もつとめて「(経済上) 合理的」に行為し、これを反復するかぎりで相応に「生き方の (経済的) 合理化」を被らざるをえないであろう。こうした事態が出現し、市場の拡大に応じて広まりもしよう。このようにして、一方では「禁欲的プロテスタンティズム」の宗教的動因は減衰し、まさに「思想的 (また志操上の) 残存物」として、ただし、厳格な「自己審査/自己制御」としての「禁欲」形式/外形は温存し、他方では「市場における競争」への「(経済上) 合理的」な適応の所産として一定程度「功利主義」的な「合理性」も帯び始める、そうした独特の意味/思想形象が、歴史的/過渡期的に生成されてこよう。それこそ、「資本主義の精神」Yにほかならない。

第七節　「集合態」をなす複数個人に多様に共有される「理念」/「思想形象」の「特性」を、概念によって認識する「社会科学」。この方法を歴史的「因果関係」に適用して、当該「特性」の「意味 (因果) 帰属」に到達する「歴史・社会科学」

しかしここで、いまひとつ付け加えて解説しておかなければならない方法上の問題がある。それは、そうした歴史科学的「意味 (因果) 帰属」という未開拓の課題と取り組むにあたり、「資本主義の精神」とか「職業（義務）観」とか、各派（カルヴィニズム、クェーカー、メノナイト、敬虔派など）の「プロテスタンティズム」というような、歴史的「集合態 collectivity」の「理念 idea」――歴史上そうした（カルヴィニズムなどの）「集合態」をなす複数個人に、ある人には多く、他のある人には少なく、しかも（これを忘れてはならないが）同一人物（たとえばフランクリン）についてもある時期には多く、他のある時期には少なく、というように、多種多様／千差万別に担われ、「生き方」の実践的起動力として強弱さまざまな度合いではたらいたにちがいない、「社会形象 soziales Gebilde」としての「理念 Idee」（広く意味／観念／思想形象）を、「概念によって科学的に認識する」とは、そもそもどういうことか、という問題である。しかも、このばあい、（担い手個々人の多様性に引きずられて）「集合態」の「理念」ないし社会的な「思想形象」それぞれの「個性」ないし「特性」を見失わないように、かえってそれをこそ浮き彫りにするように、それにふさわしい仕方で概念的認識を進めていかなければならない。それには、どうすればよいのか、そのばあいの「概念」とは、いかなるもので、どんな論理的特性をそなえているのか、またそなえるべきか。つまり、問題は、歴史科学であると同時に、そうした「集合態」ないし「社会形象」にかんする科学、すなわち社会科学、したがってそうした「社会形象」間の歴史的「因果関係」について右記の「意味（因果）帰属」をめざす「歴史・社会科学」でなければならないのである。こうして提起されてくる一連の問題について、次章で稿を改めて述べよう。

第三章　「理念型」とその経験的妥当性

第一節　理念型一般の規定

「客観性論文」から、「理念型」一般について規定したところを引用してみると、つぎのとおりである。ざっと読んでおこう。

「理念型は、ひとつの思想像であって、この思想像は、そのまま歴史的現実**である**のでもなければ、まして『本来の』現実**である**わけではなく、いわんや現実が**類例**として編**入**されるべき、ひとつの図式として役立つものでもない。理念型はむしろ、純然たる〔論理〕理想上の**極限**概念であることに意義のあるものであり、われわれは、この極限概念を規準として、現実を**測定し**、**比較し**、よってもって現実の経験的内容のうち、特定の意義ある構成部分を、明瞭に浮き彫りにするのである。こうした概念は、現実に依拠して訓練されたわれわれの**想像力**が適合的と**判定する**、客観的可能性のカテゴリーを用いて、われわれが連関として構成する〔思想〕形象にほかならない。[1]」

たとえば、中世「都市経済」といった社会形象を研究しようとするばあい、当の「都市経済」概念は、つぎのとおり「理念型」として構成される。すなわち、「観察されるすべての都市に**事実上**存在している経済的諸原理の**平均**……では**なく**」、「ひとつの、あるいは二三の観点を一面的に高め、その観点に適合する、ここには多く、かしこには少なく、ところによってはまったくない、というように、分散して存在している夥しい個々の現象を、それ自体として統一されたひとつの**思想**像にまとめあげるのである。」だから「この思想像は、概念的に純粋な姿では、現実のどこかに経験的に見いだされるようなものではけっしてない。それは、ひとつの**ユートピア**である」。そして、(そうした理念型がいったん構成されたうえで適用される)「**歴史的**研究には、個々のばあいごとに、現実がどの程度、この〔論理的〕理想像に近いか、または遠いか、つまり、ある特定の都市における諸事情の経済的性格が、どの程度まで、この概念上の意味で『都市経済』的であるといえるか、を確定する課題が生ずる。研究 Erforschung と具体的描出〔例示〕Veranschaulichung という目的にとって、こうした理念型概念は、慎重に使えば、それ特有の効用を発揮してくれる。[2]」

ここは、あえてコメントせず、追って具体例を挙げて説明していく。読者には、抽象的な規定として、いちおう念頭に止めておいていただきたい。

むしろここで、問題になるのは、「中世都市」といった社会制度ではなく、ある時代の一定範囲の人々に担われる「理念」について理念型を構成し、適用する方法であろう。

「ある時代の人間を支配する、つまりかれらの間に分散して作用している『理念』**自体**を概念的に鋭く把握するには、それがいくらか複雑な思想形象であるとすると、またもや**ひとつの理念型の形式をもって**するよりほかはない。というのも、そうした理念は、経験的には、離合集散たえまない無数の個人の念頭に生きており、それら個人の間では、形式と内容、明晰さと意味との両面において、きわめて多様なニュアンスを帯びているからである。たとえば、中世における特定の時期の、個々人の精神生活のうち、当該個人の『キリスト教』と呼ぶことのできる構成部分は、**もし**完全に叙述できた**とすれば**、当然のことながら無限に分化を遂げ、極度の矛盾にみちた、あらゆる種類の思想および感情の連関からなる、ひとつの混沌の観を呈するほかはなかろう。中世の教会は確かに、信仰と習俗との統一を、特段に高い程度まで達成することができたのであるが、それにもかかわらず、事態は右記のとおりなのである。そこで、この混沌のなかで、あたかもひとつの確定した概念をもって取り扱われなければならないような、**そうした**中世『キリスト教』とは、いったいなにであったか、われわれが、中世の諸制度のなかに見いだす**当の**『キリスト教的なもの』とは、いったいどこにあったのか、と問うならば、このばあいにもやはり、あらゆる個別事例に、われわれの創り出した純粋な一思想形象が適用されている、ということが、ただちに分かるであろう。このばあい『キリスト教的なもの』とは、**われわれが**ひとつの『理念』に結びつける信仰箇条／教会法と慣習倫理の規範／ライフ・スタイルを律する格率／および無数の個々の連関である。それは、われわれが、理念型概念を用いることがなければ、矛盾なしには到達することのできない、ひとつの総合にほかならない(3)。」

第二節　経験的所与が「合理的」なばあい——社会的「理念」の理念型構成（一）

ところで、そうした「理念」の理念型を構成する方法には、経験的現実のなかで「理念」として与えられているものがいかなる様相を呈しているかに応じて、三つのばあいが考えられよう。

まず、（一）たとえばカルヴィニズムの「予定信仰」「二重予定説」のように、経験的所与においてもすでに、合理的な教理に定式化／体系化され、いくつかの指導原理に要約され、そうしたものが、かなりの程度、平信徒の頭脳をも支配し、かれらの行為をとおして歴史的作用を発揮している、と見てさしつかえないばあいがあろう。カルヴィニズムの予定信仰は、①被造物である人間は、造物主としての神から深淵によって隔てられている、②その神は、自由な決断により、滅びの群れから、一握りの少数者を、みずからの栄光を顕す道具として選び、未来永劫にわたって生命を与え、残りの多数者は捨てて顧みず、かえってかたくなにし、永遠の死滅に予定した、③人間は、こうした神の二重の予定を、みずからの信仰／善行／あるいは教会の儀礼そのほか、なんらかの人為的努力によって変えられないのみか、神による予定の理由を詮索することもできない、といういくつかの教理上の指導原理に集約され、平信徒大衆も、かなりの程度、こうした指導原理を意識して考えぬき、その帰結にしたがって行為していたと見られる。こういうばあい、その理念型を構成するには、当の指導原理を論理的に展開し、ひとつの矛盾のない思想系列に編入／編成しさえすればよい。

ただ、それもあくまで理念型的概念体系であって、その論理的整合性が、そのまま経験的現実に再現されているわけではなく、そのように見誤られてはならない。というのも、「思想が人間をもっぱら**論理的に**強制する力が歴史上いかに巨大な意義をもったとしても――マルクス主義はその顕著な一例であるが――、人間の頭脳にある経験的／歴史的事象は通例、**心理的に**制約されたものと理解されるべきで、論理的に制約されたものと理解されてはならない」からである。たとえば、右記のような「二重予定説」からは、論理上は「宿命論」もしくは（「予定済みなら、もうなにをやってもかまわない」という）「無律法主義 Anomismus」が帰結するはずである。しかしじっさいには、その教理を信じた信徒のひとりひとりは、「この自分は、はたして選ばれているのか、それとも捨てられているのか」という深刻な心理的不安に捉えられ、これを媒介として、「たった一度でも死滅予定者のカテゴリーに属する『徴候』が現われたら致命的で、一挙手一投足にいたるまで『選ばれた聖徒』にふさわしく振る舞わなければならない」との「厳格主義 Rigorismus」に囚われ、かえって能動的な「自己審査／自己制御」（すなわちヴェーバーのいう「禁欲」）に導かれた。

とはいえ逆に、そうした心理的要因がつねに優越する、と決めてかかるわけにもいかない。たとえば、ある観念（たとえば古代中東の「超越的人格神」観）が、初発には心理的／激情的に制約されていったん成立すると、これが相対的な「固有法則性」を取得し、翻ってこんどは「救済体験」の心理的性質をも制約しつづける（「原因」に「反作用」する）。「超越的人格神」観が移入され、確立した西洋文化圏では、神秘家のマイスター・エックハルトでさえ、『ルカによる福音書』一〇章三八〜四二節にかんする説教で、観想的／神秘的なマリアよりも活動的／禁欲的なマルタに（イエスの言にすら反して）優位を認めたが、(5) このエピソードは「戦略的極限事例（ましてやエックハルトほど神秘主義的でない他のすべての思想家／著作家においてをや）」として、「超越的人格神」観の優越的作用を証しているといえよう。

研究の手順としては、二重予定説からの帰結について見たとおり、まずは論理的（ないしはその他、たとえば技術的）な意味で合理的な理念型を構成し、これを経験的現実におけるじっさいの経過と比較し、そこにおける合理的な経過からの偏倚を突き止め、この偏倚を規定した非合理的要因を探り出す、というふうに、合理的な理念型が、索出手段として有効に用いられる。この「合理的」の多義性を「逆手にとり」、さまざまな「合理性」から入って、その極限／遡行極限に「非合理的なもの」を索出していくヴェーバーの方法については、本書後段の第七章を参照されたい。

第三節　初発の「合理性」が忘れられながら作用しているばあい――社会的「理念」の理念型構成（二）

つぎに、(二) 問題の教理や指導原理が、歴史上の始源においては始祖たちによって探究され、意識され、考え抜かれ、提唱され、教典に集約されていたにせよ、時とともに死滅するか、拡散するかして、後代の担い手／当事者諸個人の頭脳には、もはや生きていないのに、そうした諸個人が、その論理的帰結としての、あるいはそこから連想される帰結としての思想や感情に、それとは意識せずにいぜんとして支配されている、というばあいもあろう。たとえば、『ウパニシャッド』で秘教として成立した「輪廻転生」と「業」の教理に、後代のインド人大衆が精通してはいなくとも、ただ漠然と「来世」における「再生」の条件を有利にしようと、自分の属するカーストの「法 dharma」を遵守するばあい、などである。じつは、欧米の近/現代人大衆が、「禁欲的プロテスタンティズム」における「職業義務観」の始源とその宗教教理上の基礎は、忘却の彼方に置き忘れてきて、もはや日常的に意識することはないとしても、日常生活においてはなにほどか（まさにその「屍の頭 caput mortuum（残滓）」ないし「思想的残存物」としての）「職業義務感」に制約されている、という現状も、このばあいに相当するといえよう。

とすると、（「客観性」論文の前段における経験科学の権能にかんする論議と結びつけていえば）「人間の文化生活にかんするあらゆる科学のもっとも本質的な任務のひとつは」、（所与の目的にたいする手段の適合度の検出、ある手段を採用したばあいに生じうる随伴結果の予測といった技術的寄与のほかに）「こうした『理念』……を解明して、精神的に理解させること(6)」に求められる。科学は、ある行為者が追求する「具体的な目的の根底にある、あるいはありうる『理念』を、まず開示し、論理的な連関をたどって展開することにより、かれが意欲し、選択する目的を、その連関と意義とに即して、かれに自覚させる(7)」ことができる。この「課題は、『経験的現実の思考による秩序づけ』という科学の限界を踏み越えるものではない(8)」。とはいえ、「そうした精神的価値の解明に用いられる手段は、ふつうの意味における『帰納 Induktion』ではない。この課題の少なくとも一部分は、ふつう諸学科の分業関係のなかで特殊化されている専門的経済学から、その埒外にはみ出るであろう。このばあい問題は、社会哲学 Sozialphilosophie の課題となる[9]」。

このとおり、科学の（第三の）目的論的権能と寄与を定式化しようとするコンテクストで、「理念」を解明する方法に与えられる（この一九〇四年期の）規定は、「ふつうの意味における『帰納』ではない」「専門的経済学の埒外にはみ出る」「（経験科学の限界内にありながら）社会哲学である」というように消極的で、矛盾なしとしない。しかしこれも、ついこの間まで職業として慣れ親しんできた専門的経済学の埒外にまさにはみ出て、実存の問題を近代欧米人の歴史的運命にむすびつけて究明すべく、新しい方法を科学として編み出し、基礎づけながら、具体的成果にも結実させ、提示しようとするヴェーバーにとって、具体的探究と方法論的基礎づけとの両面作戦が、いかに難渋をきわめていたかの証左ともいえよう。それでもかれは、「理念の歴史的な力は、社会生活の発展にとってきわめて強大であったし、いまなお強大であるから、われわれの雑誌〔『社会科学・社会政策論叢』〕は、けっしてこの課題との取り組みを避けず、むしろそうした取り組みの育成を、もっとも重要な義務のひとつに数えるであろう[10]」と予告し、力説する。そして、当の方法について思索を凝らした「客観性」論文の後段では、その方法について、つぎのような結論が引き出されている。すなわち、当事者も意識していないが、その行為や生き方をじっさいに規定している、この種の「理念」の概念的把握を達成するには、一方では、その行為や生き方の見極めがたい多様性のなかから特徴的諸傾向を抽出し、思考のうえで極限化し、他方では、始源における教理や指導原理からその帰結を引き出し、両者をむすびつけて展開する「理念型」的総合をおいてほかにはない、と。

第四節　初発にも「合理性」に乏しいばあい——社会的「理念」の理念型構成（三）

最後に、(三)当の教理や指導原理が、始源においても、まったく、あるいは不明瞭にしか意識されず、いずれにせよ「予定説」や「輪廻転生／業説」のような明快な教理／思想連関[11]の態をなしてはいなかった、というばあいもあろう。たとえば、ある時代の「自由主義」の理念、「メソディスト派」の理念、思想的に十分展開されていない「社会主義」の理念、といったものがそうであろう。このばあいにもわれわれは、「理念」として叙述しようとする個性的思想連関を、中世「キリスト教」のばあいと同様、その時代に生きた無数の当該信奉者諸個人の、見極めがたく多様な思想と感情の混沌のなかから「抽出し」、「思考の上で煮詰め、極限化し」て、「理念型」を構成する以外にはない。

そして、(これはなにも(三)のばあいにかぎらず、(一)(二)のばあいにも、また社会的「理念」についてだけではなく、「社会制度」その他の「社会形象」一般についても同様にいえることであるが)そうした連関が広汎にわたればわたるほど、また、研究者の「価値理念 Wertidee」に照らして「知るに値する wissenswert」その「文化意義 Kulturbedeutung」が多面的であればあるほど、当初に構成したひとつの「(第一要素)理念型」では足りず、研究が進んで新たな「文化意義」が開示されてくるつど、それに準拠してまた新たな「(第二、第三……要素)理念型」を構成し、前者を後者に止揚し、総合していくことが必要となろう。そのようにして、個々の鋭く一義的な個別「理念型」を構成要素とし、それぞれの鋭さを鈍らせないように、(「論理的無矛盾性」もしくは「客観的可能性」のカテゴリーによって)関連づけ、総合してえられる(そういう個別諸「(要素)理念型」の)一複合体――そうすることによって経験的現実の個性的連関を、当の個性を見失うことなく、むしろ際立たせるように描き出そうと工夫して組み立てられる「ワンセットの要素理念型複合 ein Komplex von Konstituenten-Idealtypen」ともいうべきもの――が、「歴史的個性体 historisches Individuum」としての、いうなれば「(総合的)理念型(複合)」にほかならない。個別の「要素的理念型」から総合的「理念型複合」へというこの合成作業は、多少とも複雑な連関を対象とするさいには、いずれのばあいにも、対象とされる「社会形象」ないし「理念」の(研究者にとっての)「価値関係性 Wertbeziehung, Relevanz」に応じてめざされ、完結にはいたらなくとも(個々のばあいに)ある合成度において達成されることになるわけである。次章では、「近代資本主義の精神」という「集合態」的・社会的「理念」、社会的「意味形象」について、ヴェーバー自身がそうした「歴史的個性体」としての「理念型」を構成していく動態的な手順を、具体的に例解しよう。

第五節　理念型の経験的妥当性――ふたつの誤解との二正面作戦

ところで、ヴェーバーの理念型にかんする議論には、おそらくつぎのような一連の疑問が投げかけられるであろう。「理念型」とは、経験的現実の無限に多様な混沌のなかから、研究者が自分の「価値理念」に照らして「知るに値する」と判定する側面ないし要素を一面的に「抽出し」、「思考の上で煮詰め、極限化」してえられる観念的構成物／論理的理想像であるが、そうとすると、「理念型」とは、研究者の主観的な価値理念に応じて、任意に、いかようにも構成できる代物なのか、それでは、研究者の主観的な価値理念の数だけ、異なる理念型が林立して、無政府状態を呈することになりはしないか、そうしたものが経験科学としての歴史・社会科学の概念用具たりうるのか、と。こうした疑問をめぐっては、いまなお専門家の間でも議論が絶えない。[12] ここでは、そのすべてに立ち入るわけにはいかないので、「倫理」論文の読解にとって重要な一点、すなわち、理念型の「経験的妥当性」という問題についてのみ、管見を述べたい。

この問題については、「客観性」論文の結論部分に、ヴェーバー自身による誤記と（英訳を除く）全翻訳の誤訳があって、[13]「経験的にあたえられたものが、……認識の妥当性を証明するための事実上の根拠［台脚］とはどうしてもならない――この証明は経験的にはできないのだ――」（出口勇蔵訳）、「経験的な所与にもとづいて認識の妥当性を証明することは経験的に不可能である」（徳永恂訳）という解釈がなお尾を引いており、これに見合って、認識のための概念用具としての「理念型」についても、その「経験的妥当性を、経験的所与にもとづいて検証することは、経験的に不可能である」と解される嫌いなしとしない。じつは、「認識の妥当性」と訳されている箇所は、語法上はともかく、「客観性」論文全篇の趣旨と、「倫理」論文ほか経験的モノグラフにおける当該方法の適用例とに照らして、「価値理念の妥当性」と改訳されなければならない。そうでなければ、経験科学的認識がそもそも成り立たない、というおかしなこと（自殺論法）になろう。

当該箇所でヴェーバーが言わんとしているのは、そこまでの論理展開を追思惟してくれば明らかなことであるが、平明な一例を挙げれば、「近代的文化諸形象にたいする禁欲的プロテスタンティズムの経験科学的／因果的意義がどんなに大きいと証明されても、だからといって禁欲的プロテスタンティズムの宗教的／本質的価値がそれだけ高まるというわけではない。そこのところで両者の（「経験的妥当性」と「価値理念の妥当性」との）混同が起きると、護教論上の争いとなって、前者にかんする認識の『客観性』は成り立たなくなる」という趣旨にすぎない。英訳以外の大方の訳者は、まさに「経験的妥当性」と「価値理念の妥当性」とを混同していて、読者を、「社会科学と社会政策にかんする認識の『客観性』」ばかりか、経験科学そのものの自己否定へと誘って怪しまない。この一例は、抽象的な方法論文献を字面だけで読んで抽象論議に耽っていると——言い換えれば、具体的な適用例との統合的読解をとおして方法そのものを具体的に会得し、みずから適用しようとする努力を怠っていると——、基本的な問題にかんする誤解に、いつまでも囚われたままになる[14]という好例、その意味における警鐘、と受け取っていただきたい。

なるほど、理念型的に構成された概念や理論に、「現実を『法則』から**演繹できる**という意味の経験的妥当」は求められないし、求めてはならない。ヴェーバーは、理念型論を、カール・メンガーにたいする批判をとおして打ち出したのであるが、その批判の眼目は、メンガーが法則的認識と歴史的認識とを区別しながら、「精密的方針による抽象理論」の諸定理に、この（「現実を『法則』から演繹できる」という）意味の経験的妥当を要求したという一点にあった。「抽象理論」の方法的捉え返しであるヴェーバーの理念型も、この意味の経験的妥当を要求するものではない。しかし、それでは理念型が、およそいかなる意味でも経験的妥当性を問われない、あるいは討論／論争による経験的検証を受け付けない、そういう観念的構成物なのかというと、けっしてそうではない。かれ自身、「客観性」論文のある箇所で、「手工業から資本主義への発展（転形 Umbildung）の理念型」について、つぎのように述べている。

「経験的‐歴史的な発展の経過が、事実上この構成された経過と同一であったかどうかは、この構成を索出手段として援用することによって初めて、理念型と『事実』とを比較するというやり方で検証することができる。理念型が『正しく』構成されていて、事実上の経過がこの理念型の経過に対応 entsprechen し**ない**とすれば、よってもって、中世の社会は、まさしくある関係においては厳密に『手工業的』ではなかったという証明 Beweis がなされたことになろう。……**そのばあい**、当の理念型は同時に、中世社会の『手工業的』で**ない**構成部分を、その特性と歴史的意義とにおいていっそう鋭く把握する道へと、研究を導くであろう。そうであれば、理念型は、まさしくそれ自体の**非**現実性を露呈することに**よって**、その論理的な目的を果たしたといえる。つまり——このばあいには——、あるひとつの仮説が検証されたことになるわけである。」[15]

厳密にいえば、ここでは、歴史・社会科学的研究の特定局面——すなわち、「中世社会」を研究対象とし、「手工業から資本主義への発展（転形）」という主題につき、すでに構成された理念型概念を、「中世社会」における現実の経過と比較しつつ検証する、という局面——が取り出されて、論じられている。そのようにして経験的妥当性を検証されるべき理念型概念そのものを、どのように構成していくのか、という手順が問われ、その局面における経験的妥当性問題が論じられているのではない。しかし、（じっさいには重要な）そうした違いはひとまずおき、理念型一般についてまず抽象的にいえば、「理念型」が、第一節に引用しておいたとおり、概念上の純粋な姿では現実のどこにも見いだされない『思想像』『（論理的）理想像』『ユートピア』であるといっても——というよりもむしろ、まさにそうであればこそ——、「**個々のばあい**ごとに in jedem *einzelnen Falle*、現実がどの程度、この理想像に近いか、または遠いか」、あるいは「事実上の経過がその理念型に対応するかどうかが、たえず問われなければならない。ヴェーバーの経験的モノグラフにおけるじっさいの適用例についてみると、この「精神」について「歴史的個性体」としての理念型概念を構成していくばあいがまさにそうであるように、かれの思考は、ある（第一要素的）理念型について、それが一面的に鋭く相対的極限にまで煮詰められればこそ、かえってその経験的妥当性も同様に鋭く問われ、その結果むしろ、経験的事実との（一致‐不一致や遠近よりも）質的な不対応やズレが発見され、まさにそうした不対応の経験的事実にこんどはよく対応する、つぎの（第二要素的）理念型を構成する道が開け、そのようにして一歩一歩、よりいっそう現実、とりわけ現実における対抗的諸要素の動的均衡、したがって変動傾向にも迫る「総合像」へと、いわば「自己止揚」を遂げていっているのであり、まさにそうしたところにこそ、（抽象的な方法論文献のどこにも定式化されてはいないと思われる）ヴェーバー的な理念型思考のダイナミズムがあり、本領が発揮されている、といってもよい。

ヴェーバー自身、方法論的反省よりもじっさいの具体的な研究実践に優位を認めていたのであるが、そうしたかれの研究実践における思考展開を追思惟してみれば、そのかれが、歴史・社会科学的認識したがって理念型の経験的妥当性を否認するとはとうてい考えられないし、そのようなかれが「客観性」を「断念 Verzicht」した「新観念論者」であるという主張（F・H・テンブルック）も、まったく理解できない。むしろ、そうした言説がいまなお影響力を保っているのも、ヴェーバー没後、いっそう専門分化が進んで、方法論研究も経験的モノグラフ研究もそれぞれ一人歩きし始め、他を顧みる余裕がなくなってしまったからではないか。そうした陥穽に堕ちると、「理念型」が、経験的事実による検証を怠る独善の隠れ蓑とされたり、経験的事実を突きつけての批判をかわす遁辞として用いられたりもしよう。そこでわれわれは、理念型について語り、考えるばあいには、よく注意して二次文献よりもヴェーバー自身の著作に当たり、かれ自身の具体的適用例に即して会得し、みずから適用／応用にもつとめ、そのさい討議／論争をとおして経験的妥当性を検証し、そうすることによって（ヴェーバー自身に見られたような）ダイナミックな展開をくわだてるように心がけなければならない。これが、この問題にかんする筆者の所見である。

というわけで、理念型とは、（旅人にたいする地平線のように、近づけば近づくほど後退して、捉え尽くすことはできない）「包括者 das Umgreifende」としての現実[16]について、研究者一個人／一主体の「価値理念」にもとづく「価値観点」から照射を当て、そうして照らし出される「価値関係」的側面ないし傾向を、それぞれの一面性を自覚して抽出し、思考のうえで極限化してえられる観念的構成物、その意味では「虚構」である。理念型は、そのように「可能的なもの」をとおして「現実的なもの」を捉えようとする叙述手段／位置づけの手段／索出手段／（因果的妥当性の）検証手段として、研究に役立てられる。が、他方、現実の側面ないし傾向に対応しない「虚妄」ではないし、そうであってはならない。理念型について「経験的妥当性」を問うことは、可能であるし、必要でもある。それも、所与の理念型を「虚妄」との批判から守るという消極的な意味においてばかりでなく、「包括者」としての現実の関連諸傾向にいっそう多面的に迫っていき、諸傾向の対抗的均衡構造したがって変動傾向を探り出して、ダイナミックに展開していくためにも、その意味で積極的にも、必要なのである。こうした主張にもとづいて、筆者は、Ⓐ「包括者」としての現実にかかわる概念構成の理念型的・価値関係的な被制約性を自覚せず、そうした制約にしたがうかぎりにおける価値観点の自由な選択にも無頓着で、ばあいによってはそうした自由な選択と展開の可能性に「立ちはだかり」「足を引っ張る」ばかりの論者と、逆に、Ⓑこの「自由な展開の可能性」にいわば独善的に収斂し、その「自由」を「楯にとって」「責任はとらず」、理念型的概念の「経験的妥当性」も否認し、討議・論争をとおしての相互「検証」も受け付けようとしない、といった論者との、双方にたいして、二正面作戦を展開していかなければならない、と考えている。(17)

では、「ヴェーバー的な理念型思考のダイナミズム」とは、具体的にはどういうものか。次章で「資本主義の精神」の理念型構成について例証しよう。

第四章　「倫理」論文第一章第二節「資本主義の精神」第一～七段落を読む――フランクリンからの素材を「暫定的例示」手段とする「理念型（歴史的個性体）」概念の構成手順（例解）

第一節　「歴史的個性体」としての理念型と、その「暫定的例示」手段

「倫理」論文で、ヴェーバーは、一方ではカルヴィニズム（ほか、「禁欲的プロテスタンティズム」）の宗教信仰、他方では（近代）資本主義経済との間に（前者が後者を促進する）「因果関係」があるという（ペティからマルクスをへて「ドイツ歴史学派」に引き継がれた）知見を、ひとまず所与とみなし[1]、かれ自身としては「なぜそうなるのか」の根拠／理由を、双方にかかわる人間の「生き方／生活の営み方」の問題として、内面的／主観的な「意味連関」に即して「解明」／「説明」しようとした。そこで、関係当事者を内面から駆動し、経済活動熱をたかめ、相応の学歴／職歴選択を促し、職業生活を計画的に律するように仕向け、結果として「近代市民層」（近代的商工業の資本所有／企業経営／生産技術や経理を担当する上層熟練労働といった社会経済的地位を占める人間群）への帰

属にいたらしめる動因を、つぎの第一章第二節で「（近代）資本主義の『精神』」と名づけ、これがいかなるものかを、かれ自身が当時編み出しつつあった「意味解明 Sinndeutung」「理解科学 verstehende Wissenschaft」の方法を適用し、「歴史的個性体」としての「理念型」概念を構成して、叙述／提示している。

冒頭、ヴェーバーは、「精神」のような、複数の諸個人に（人、所、時に応じて純度／強度／様相などを異にして）共有され、それ自体としても複雑／多岐な構成をそなえた「集合態」的な意味形象を対象に据え、その個性的特徴を逸することなく、かえって際立たせるように認識するには、いったいどうすればよいのか、という方法上／方法論上の問題に触れている。この問題には、前章でも「客観性」論文を参照しながら論じたが、そうした個性認識には、まず（一）（研究者の「価値理念」に照らして「知るに値する」）対象の一特徴を抽出し、概念上純化し煮詰めて、要素的（第①）「理念型」を構成し、つぎには、（二）そうした第一要素の「理念型」的純化のさいにいったんは捨象されるけれども、まさにそうする過程で、被捨象態のなかの（同じく「知るに値する」）別の一特徴として捨象に抵抗し、クローズ・アップされてくる第二の要素的特徴についても、第一要素との関連において、同じく要素的（第②）「理念型」を構成し、さらに、そのようにしていわば「芋づる式に」つぎつぎに構成される複数の要素的「理念型」群（③、④、⑤、……）を、（三）こんどはそれらの個性的な「布置連関 Konstellation」[2]に即して総合し、いわば「ワンセット」をなす要素的理念型複合」として「歴史的個性体」概念を構成し、よってもって複雑／多岐な対象「総体 Totalität」に迫っていくよりほかはないであろう。

「倫理」論文第一章第二節の課題は、問題の「精神」を対象として、そうした「歴史的個性体」概念を構成し、そのうえで、その歴史的「文化意義」を特定することにある。しかし、「歴史的個性体」のような複合的理念型を構成して、「対象としての『精神』とは、かくかくしかじかである」と定義をくだすには、当然のことながら、研究を相応の段階にまで進めていなければならない。ところが、対象にかんするなんらかの予備知識／事前了解がなければ、なにを採り上げてよいかも分からず、そもそも研究に着手することができない。概念的定義は研究が進んだ段階でなければ手に入らないが、他方、なんらかの定義がなければ、研究に着手し、当の段階にまで進めることができない。このディレンマを打開するのに、ヴェーバーは、問題の「精神」を（相対的に）もっともよく体現している（とおぼしき）「特定の代表的個人」、しかも読者も熟知していて（あるいは容易に知ることができて）、読者と著者との対話として研究／叙述を進める共通の出発点（「トポス」）として「もってこいの」特定個人を選び出し、その「意味表現」「意味形象」のなかから、問題の「精神」を「典型的」に表白しているとおぼしき部位／部分を抜粋し、これを「暫定的な例示 provisorische Veranschaulichung」の手段として提示し、読者にまず、「精神」とはなにかを「直観的に anschaulich 把握」してもらおうとする。

そのさい、「個人」といっても、もとより（誰でも自分個人を全体として捉えようと「自伝」「自分史」を書き始めればすぐ分かるように）これまた経験的には無限に多様で、汲み尽くしがたい、混沌たる衝動／感情／思想の一「総体」、「包括者」（K・ヤスパース）である。したがって、当該個人の無限に多様な意味表現／意味形象のなかから、「精神」の一特徴に関連のある特定の側面を、当の一特徴の要素的「理念型」を構成する素材として選び出し、（他にこれとは矛盾する諸特徴／諸側面が「混沌と渦巻いている」ことは当然の前提として、かえって）一面性をこそ意図し、さればこそ鋭い、第一要素の「理念型」を構成するのである。このように、（一）要素的（第①）「理念型」から着手し、（二）の手順に移って別々の要素的「理念型」群（②、③、……）を漸次構成していき、これを（三）あるところで打ち切って、そうした要素的「理念型」群の総合に転じ、「ワンセットをなす要素的理念型複合」として「歴史的個性体」概念を構成し、よってもって「精神」をその個性（個々の要素特性および要素間「布置連関」の特性）に即して認識するわけである。

そこで、この方法を簡潔に表明した冒頭の断り書きにつづき、問題の「精神」を「暫定的に例示」するために、右記「特定の代表的個人」として、そのかぎりで「合目的的」に選び出されるのが、一八世紀の人ベンジャミン・フランクリンである。そして、かれの無限に多様な経験的意味表現／形象のなかから、「精神」の一特徴を表示する（フランクリンにとっても一側面にすぎない）一素材として、同じく「合目的的」に取り出されるのが、「若き商人（実業家志望の青年）への助言」と「富まんとする者への指針」の二文書であり、さらにそこから抜粋され、引用される特定の箇所（語群）である。[3] フランクリンの同一文書、他の文書、ましてや『自伝』のなかに、ことによるとそれとは矛盾する、多種多様な意味形象（記述／語群）があろうことは、当然のこととして前提とされている。

「倫理」論文全体のパースペクティーフにおける第一章第二節の主題は、フランクリンではなく、あくまで「精神」である。フランクリンはといえば、右記（一）〜（三）のような手順を踏んで肉薄すべき一「総体」として、いわば「丸ごと」、研究の対象に据えられているのではない。あくまで「精神」の（右記の意味における）暫定的例示手段として、まずは（一）かれの「生き方」の一面、それも、他の観点を採用すれば「非本質的／末梢的」として捨象されてもいっこうに差し支えない（が、ここでの著者ヴェーバーにとっては本質的に「重要 wertbeziehend, relevant な）特定の一面（①「貨幣増殖」を自己目的として義務づける独特の「エートス」[4]）に照射が当てられ、さればこそそこから、（二）一方では第二の、これまた特定の一面（②「功利主義への『転移』傾向」）、他方では第三の、（第二とは逆方向ながら）これまた特定の一面（③常套句『箴言』二二章二九節から、「超越的」背景として特定の宗派信仰との関連が予想される、「職業義務観」「職業倫理」との癒着）が索出され、集約的ながらごく簡潔に論及されるにすぎない。ここでの原著者にとっては（かれの価値関係的パースペクティーフとコンテクストからすれば）、それで十分なのである。当然、ヴェーバーは、第一章第二節、いやその（内容上はフランクリンへの論及に尽きる）第四〜一一段落でさえ、「フランクリン研究」――いっそう正確にいえば、「フランクリンのほうを研究『対象』とし、一『総体』として、（一）から（三）への手順を踏んで一歩一歩アプローチし、（三）『歴史的個性体』として『フランクリン（の全体）像』を構成すべき、固有の意味におけるフランクリン研究」――とは

「僭称」していない。はっきり、思考のヴェクトルが逆で、「精神」の概念的定義を獲得するための出発点、「暫定的例示手段」にすぎないと断り、そのかぎりで二文書からの抜粋／引用（わざわざキュルンベルガー著『アメリカにうんざりした男』からの孫引き[5]）を開始し、あとから「説教の主はじつはフランクリン」と明かすのである。

第二節　「時は金なり」「信用は金なり」のエートス

さて、抜粋文の内容は、まずは「時は金なり」「信用は金なり」の二標語に象徴されるとおり、個人の生活時間と対他者関係とを一途に捧げて貨幣増殖につとめよ、との訓戒である。この「金儲け心得」が、不利益を避ける相対的に賢明な選択肢として、したがって（当の訓戒に違反して不利益を身にまねいてもたかだか「愚かな」と嘲笑されるだけで、違反自体がことさら「非難」を浴び、「制裁」の発動理由とされることはない、その意味における）「処世訓」「世渡りの術」として、勧告されているばかりではない。むしろ、その域を越えて、なにか無条件に遵守を迫る「要請」「定言的命令」の様相を帯び、そうした「倫理」「エートス」の表明として「口を酸っぱくして」説かれている。驚くべきことに、通例は「反りの合わない」金儲けと倫理／道徳とが、そこでは見事に癒着し、「親和力」をもって結合している。フランクリンは、利息を生むべき貨幣取り扱いの注意義務を怠ることを、なんと「嬰児殺し」にたとえ、「倫理的パトス」をこめて非難してさえいる。まずはこの点に、この抜粋文に顕著に表出された、そのかぎりにおける「精神」の特徴があるといえよう（第①要素としての「貨幣増殖の倫理化」）。

第三節　「功利的傾向」

ところで、『自伝』によれば、フランクリンは、この「エートス」をなす「正直」「勤勉」「節約」「節制」「規律」といった十三の徳目を、「自己審査手帳」をつくり、「習慣」として「身につけよう」――まさに「エートス」として体得／体現しよう――と努力したという。しかし、それらの徳目は、純然たる「固有価値」「自己目的」として措定されているのではない。「貨幣増殖」のために「信用」を獲得する手段の系列に編入されてもいる。[6] したがって、ともすればいつしか「信用」獲得という効果に力点が移り、徳目遵守が相対化され、「効果」が等価／同等なら「外見／見せかけだけで十分」として内実は不問に付し、ばあいによっては（外見で他人を欺いて同等以上の効果を期する）「偽善」にも傾きかねない。S・キルケゴールの表現を借りれば、[7]「効果」に気をとられて「非倫理」に「転移」する傾向が、明白に看取される。あるいは、当初には「自己目的」として追求された「貨幣増殖」にともなう「副産物」「随伴結果」の快楽／安楽／その他なんらかの利益が、いつしか「目的」

「自己目的」に転化し、(「信用」にかかわる正直／勤勉その他、「徳目」を遵守する行為の) 倫理的価値さえも、もっぱら、当の「目的」を達成する手段としての合理性 (「目的合理性」) を規準として評価し、「価値合理性」[8] (このばあい倫理的な「固有価値」としての徳目への意識的なこだわり) は、いわば「目的非合理的」な「価値硬直化」としてしりぞける、「純然たる功利主義 Utilitarismus rein als solcher」へと推転をとげる傾向を孕んでいる、ともいえよう (第②要素としての「功利的傾向 utilitarische Wendung」)。

この側面は、右記のとおり、(一)「精神」をいったん「エートス」性の方向で――(「貨幣増殖」を義務として意識的に遵守する「価値合理性」の方向で) 純化して捉えた (第①要素の理念型) からこそ、(二) それに逆らい、抵抗する別の側面として索出され、前景に顕れ、第二の特徴として (第②要素の理念型をもって) 把握された。とすると、こんどは、「精神」が「純然たる功利主義」へと完全に解体するのを背後から阻止している「なにものか」が、逆方向に想定され、視野に入ってくるはずである。あるいは、それ以前にも、(一)「精神」を、(第①要素の理念型において)「貨幣増殖」にすべてを一途に捧げる「エートス」というふうに、純化／極端化して捉えると、さればこそまさにそこで、「ではいったい、なぜそうまでして貨幣を増やさなければならないのか」との問いが触発され、「至上価値」「自己目的」として固定化 (いうなれば「物象化」) されている「固有価値」のさらに背後にある価値への関心が目覚めるであろう。

第四節　核心にある「職業義務観」——究極の倫理的価値としての「職業における熟達／有能さ」

そこでヴェーバーは、「そうした背後価値、『究極価値』は通例、宗教性の領域に求められる」という（数年後に「法則論的知識 nomologisches Wissen」と命名される）一般経験則を（暗黙裡にせよ）媒介として、当の「なにものか」の方向に目を凝らし、宗教性との関連を探りにかかる。すると、フランクリンが、「なぜ人から貨幣をつくらなければならないのか」と同趣旨の問いを向けられた折に、（厳格なカルヴィニストの父から幼少年期に繰り返し叩き込まれたという）『箴言』二二章二九節の聖句[9]をもって答えた、という故事が目に止まる。ヴェーバーは、この挿話を『自伝』から引用し、そのように宗教的背景を示唆しながらも、まずは右記の問いかけに、「近代の経済秩序の内部では、貨幣利得 Gelderwerb が、合法的におこなわれるかぎり、**職業**における有能さ Tüchtigkeit im *Beruf* の結果 Resultat であり表現 Ausdruck であって、この有能さこそが、……フランクリンの道徳のアルファにしてオメガ[10]」だからである、と答えている。

　とするとここで、先の第一特徴（第①要素の理念型）では「最高善」と目されていた「貨幣利得」が、じつは単純にそうなのではなくて（たとえば「宝くじ」に当たったとか、たまたま資産を相続したとかによる職業外の「貨幣獲得」であってはならず）、むしろ③「職業における熟達／有能さ」こそが「道徳のアルファにしてオメガ」すなわち「究極の倫理的価値」であり、「貨幣増殖」とは、それが（近代）経済の領域で持続的に現われた「結果」、目に見える「指標」にすぎず、そうであって初めて、そのかぎりで価値ありと見られる、ということになる。他方、「職業における熟達／有能さ」は、かならずしも経済の領域に現われるとはかぎらず、たとえば（近代）知性・学問の領域に現われて「業績」という「成果」をもたらすばあいもあろうし、（近代）芸術の領域で「制作品」に「表現」されることもあろう。ヴェーバーは、当の「職業における熟達／有能さ」を奨励し、義務として命じ、さまざまな領域で「結果」に「表現」される独特の「職業観」「職業義務観」を、「資本主義の精神」に「含み込ませ」ているのではなくて、逆に「資本主義の精神」を、そうした「職業義務観」「近代市民的職業エートス」の（経済という）一特定領域への発現形態／一分肢として捉えているのである。[11] ここで、「精神」の第三の重要な特徴が、（「職業における熟達／有能さ」を「究極の倫理的価値」とする）独特の「職業義務観」と癒着し、この「職業観」の経済領域への発現形態をなしている、というふうに（第③要素の理念型として）定式化されよう。

ところが、そうするとこんどは、では、（どの領域に発現しようとも）「職業における熟達／有能さ」がなぜ「究極の倫理的価値」とされるのか、との問いが発せられよう。そこで、思考をまた一段、第三特徴のさらに背後に遡らせ、当の「職業」を「倫理的価値」たらしめる「究極の価値理念」が探索されることになる。それはおそらく、『箴言』句の引用からも予想されるように、宗教性／「宗教的観念」の領域に立ち入り、そのなかから探し出されるであろう。そして、それが索出された暁には、翻って、その「宗教的観念」と問題の「職業義務観」との関連／「意味連関」が究明されよう。あるいは、倫理的な職業観／「職業義務観」の「宗教的基盤」が問われ、双方の「意味連関」が「解明」される、といいかえてもよい。じつはこれこそ、第一章「問題提起」中のつぎの第三節「ルターの職業観」から本論（第二章「禁欲的プロテスタンティズムの職業倫理」、第一節「世俗内禁欲の宗教的基盤」、第二節「禁欲と資本主義精神」）にかけて、連綿と展開される叙述に負わされている課題である。

ところが、著者ヴェーバーは、この第一章第二節では（二五段落中の第七段目までで）、「職業義務観」との癒着という第三特徴を取り出し、第③要素の理念型を構成したところで、（二）「芋づる式探索／索出の歩みをいったん止め、あえて宗教的背景ないし基盤には立ち入らず（第三節以下に留保し）、（第二節の後続第八〜二五段落では）翻ってこの「精神」の歴史的「文化意義」を論ずる。すなわち、この「精神」ないし（これにリンクされてその核心をなす）「職業義務観」とは、「西洋近代以前の「生き方」としてあった「伝統主義」のただなかから、それに対抗して歴史的に「創造」され、以後、草創期の苦難の歩みを生き抜いた後には、形成途上の近代資本主義システムに「適合的」な「生き方」として、こんどは「淘汰」のメカニズムによって「普及」するにいたった。すなわち、「精神」を一促進因として近代資本主義システムが軌道に乗り、このシステムがいわば「一人歩き」を始め、「精神」のほうは、当該システムへの「適応」をとおして日々拡大的に生産／再生産され、そのためにかえって当初の本源的「意味」は忘却の淵に沈み、「没意味化」される。しかしなお、現代にも生き延び、「屍の頭 caput mortuum（残滓）」をとどめてはいる。そこで、まさにその歴史的

「創造」(「近代市民的職業理念」の「誕生」)に、読者とともに現代から遡って立ち会い、その経緯と初発の「意味」を理解/追体験することが、つぎの第三節「ルターの職業観」以降の課題として設定される。さらに、著者ヴェーバーが「倫理」論文を執筆し公表した暗黙の意図としては(筆者の理解では)、読者のひとりひとりが、著者ヴェーバーとともに、現代の「トポス」から遡って、歴史的創造の初期条件に立ち会い、「わがこととして」初発の「意味」を蘇生させ、心に止め、現代の惰性態としてある職業やシステムに、改めて明晰な態度決定をくだして取り組むように求められ、そのための思考材料が提供されるのである。

しかし、われわれとしてはここでひとまず、第一章第二節冒頭から第七段落までの叙述内容を要約し、「精神」の概念を定式化しておくことにしよう。「精神」の特徴として取り出された三要素を振り返って、それらの関連を見ると、第一特徴(第①要素の理念型)において「最高善」と見られた「貨幣増殖」が、じつは第三特徴(第③要素の理念型)の「職業義務観」にリンクされ、「職業における有能さ」を表示する結果/指標という「意味」を帯びるかぎりで「善」たりうるのであった。したがって、「貨幣増殖」が「職業義務観」との癒着関係から切り離されてくると、それだけ「究極価値」「自己目的」と錯視されて、「最高善」にのし上がる。さらに「職業義務観」による手段系列への掣肘/歯止めも弱まる——「価値合理性」が薄れる——と、(いまや「最高善」にのし上がった)「貨幣増殖」を「至上目的」とする「目的合理性」が、「価値合理性」にとって代わり、その掣肘を脱して「一人歩き」を始め、唯一の価値規準として思考/行為を律するようにもなる。この方向で、第②理念型では「萌芽」として捉えられた「転移」傾向がいきつく先は、「純然たる功利主義」であろう。このようにして、三つの個性的要素理念型が個性的に関連づけられ、「ワンセットをなす要素理念型複合」に総合され、「歴史的個性体」としての「精神」概念が構成されている。(12) これによって事態は、第二/第三特徴が相互掣肘によって均衡を保つかぎりで存立する第一特徴として、互いに相反する両方向性の緊張を孕む矛盾的統一/連関として、動態的に把握された。

たった七つの段落に凝縮されている原著者ヴェーバーの思考は、このようにいかにも自然で、明晰かつダイナミックである。しかもその、よく読めばけっして飛躍することのない一歩一歩は、読者との「トポス」を出発点に、対話しつつ過去に遡行し、蘇生/復元される「意味」を携えてはたえず現在に戻る、「意味」覚醒の連続であり、水平的また垂直的な視圏拡大の旅なのである。

第五章　「倫理」論文第一章第三節「ルターの職業観」第一段落と三注を読む——ルターによる「ベルーフ」語義創始の経緯と「意味 - 因果帰属」の手順（例解）

第一節　「トポス」としての「ベルーフ（使命としての職業）」語義と、宗教改革におけるその始源

「倫理」論文第一章第三節「ルターの職業観」第一段落でも、ヴェーバーは、世俗的な職業（社会的分業体系の一環をなす特定の業務／労働領域で、同時に社会的機能／地位）を表わすドイツ語の Beruf（あるいは英語の calling）したがって「職業」概念 »Berufs« - Begriff には、「すでに、ある宗教的な、神から与えられた**使命** Aufgabe という観念」（それゆえ「利己的な幸福」の限度を越えても献身すべき課題という「目的非合理的」「価値合理的」な意味合い）が含まれていて、この語に力点を置いて発音すればするほど、それだけその意味合いが強く響き出るという事態に注目し、これを手がかりとし、読者との「トポス」として問題を解き明かしていく。まずこの、現在の Beruf

のように、「使命としての職業」という聖俗二義を併せもつ言葉（以下 Beruf 相当語）の時間的／空間的分布を見渡してみると、それが近世以降、しかもプロテスタントの優勢な民族の言語にかぎって見いだされることが分かる（ヴェーバーはここに**注一**を付している）。しかも当の語義は、そうした民族に固有の「種族的 ethnisch」[1]な特性の表われではなく、プロテスタントが（まさにプロテスタントとして）「顕示的信仰 fides explicita」[2]を旨とする根本的立場から、平信徒大衆もみずから聖書を手にとり、自分たちの日用語[3]で読めるように、こぞって聖書を母国語に翻訳した一六世紀の画期的事業から――したがって聖書の原文ではなく、翻訳者たちの精神から――、誕生しているように見える（ここに**注二**）。

そのさい「翻訳者たち」といっても、端緒はひとまず[4]マルティン・ルターに求めるのが妥当であろう。かれが、独自の宗教改革思想をもって聖書の独訳を進める途上、一五三三年に旧約外典『ベン・シラの知恵』（以下『シラ』）を訳出したとき、その一カ所（一一章二〇、二一節）で、語 Beruf（当時の綴りは beruff）を初めて zuerst「今日われわれが用いているのとまったく同じ〔聖俗二義を併せもつ『使命としての職業』という〕意味で用いている[5]」と思われるからである（ここに**注三**）。

こうした語義をもつ語 Beruf ないし Beruf 相当語は、「その後すみやかに dann sehr bald」あらゆるプロテスタント諸民族の通俗語 Profansprache[6]のなかで、現在の意味をもつようになり、現在にいたっている〔現在完了形〕。だが、それ以前には、当の諸民族の**いずれの**世俗文献にも、そうした語義の萌芽はまったく認められず、説教関係の文献 Predigtliteratur でも、知られるかぎり、ドイツ神秘家のひとり以外には、そうした萌芽は認められない。この神秘家［タウラー］がルターにおよぼした影響は、周知のことである[7]」。

このようにヴェーバーは、節冒頭の第一段落で、「使命としての職業」という意味の Beruf／Beruf 相当語の創始／出発点を、ルターの聖書翻訳に絞り込み、そこにいたる歴史的経緯を、この第一段落に付された三つの注に送り込んで論じている。もとよりこの節全体は、もっぱら語義論に当てられているのではない。第二段落冒頭に「語義と同様、**思想** *Gedanke* も新しく、宗教改革の所産である」との文言があり、これを皮切りに、以下第一二段落まで、節の大半では、語 Beruf に表明されたルターの職業思想が、かれの宗教改革事業の一環として取り扱われ、その「文化意義」と（歴史的）限界が論定される。劈頭で語 Beruf を採り上げたのは、このばあいにもそれが、読者とくにドイツ人読者との「トポス」として、議論を切り出すのに格好だからである。ということは、裏返していえば、それが「トポス」の域を出ないということでもある。

第二節 「ルターの職業観」節全体の大意

議論の大筋は、語義論から思想論に進み、ルターの職業思想／宗教改革思想の①画期的意義と②限界とを見きわめ、③当の限界をこえて「資本主義の精神」の派生に連なる契機（「合理的禁欲」ないし「禁欲的合理主義」）につき、外堀を埋め、焦点を絞り、本来の研究テーマとして、本論（第二章）に送り込んでいる[8]。

①「画期的意義」とは、ルターが、中世カトリックにおける「平信徒大衆」と「（宗教的）達人」との二重構造（一方には「命令」を守るだけで、一身を救うには「功徳」の足りない平信徒大衆、他方には「福音的勧告」にもしたがい、その「剰余功徳」による「剰余恩恵」を教会の「宝庫（救済財庫）」に蓄え、たとえば「贖宥状」の「効力」を「裏づける」など、ローマ・カトリック教会の「教権制」的支配一般を支える修道士、という「教会身分 ecclesiastical status」構造）を否認し、修道院行きの救済「軌道」を世俗内に向けて「転轍」し、それまでは世俗外に（世俗内的観点から見れば）逃避／消散していた宗教的能動分子の「観念的利害関心」と救済追求の実践的活力を、世俗内の身分／職業にあって発揮するように「向け換え」、解放した点、に求められる。

その②「限界」とは、そうした「世俗内救済追求」が、「世俗内禁欲」にはいたらず、「世俗内伝統主義」に傾いた点、にある。とすると、③「当の限界をこえる契機」とは、ルターによって「転轍」された「世俗内救済追求」の「軌道」を引き継いだうえで、「世俗内伝統主義」から「世俗内禁欲」に再「転轍」するようなプロテスタント諸宗派（カルヴィニズムをもっとも首尾一貫した類型とする「禁欲的プロテスタンティズム」）の宗教思想／職業思想に求められることになろう。

「倫理」論文は、ルターを「宗教改革の父」としてことさら論じ立てる歴史教科書ではない。著者ヴェーバーの価値関係的パースペクティーフとこれに即した問題設定（主－副問題群設定）からすれば、語 Beruf に表明されたルターの職業概念は、あくまで（「倫理」論文全体の）主題ではなく、主題（「合理的禁欲」の歴史的生成）を論ずるための（重要ではあるが）与件のひとつ、しかも乗り越えられるべき与件のひとつにすぎない。(9) ルターの Beruf 語義論／語義創造論のそうした位置価にふさわしく、その叙述は、本論ではなく「問題提起」章の一節で、「トポス」としての意義に即して節の冒頭に置かれてはいるが、本文ではたった一段落の紙幅が割り振られるだけで、簡潔に切り上げられ、右記の大筋に沿う議論に引き継がれている。ただ、その特性（世俗内救済と伝統主義との結合）を把握し、最小限の因果帰属をおこなうことは、まさに乗り越えられるべき特徴とその成立経緯を確認しておくためにも必要なことなので、（そのうえ、おそらくは、ことルターにかんするかぎりそれぞれ一家言をもつドイツ人読者の、「トポス」にたいする関心の横溢と「ほとぼり」を顧慮して）本文ではなく、注に送り込まれ、ただ注記としては破格に詳細に論じられたのであろう。かりにその長大な三注が本文に組み込まれたとしたら、「倫理」論文は、著しく平衡を失したにちがいない。そういう注記のなかからなんらかの論点を取り出して問題とするばあいには、まず当の注自体の位置価を、あらかじめ押さえておくことが肝要であろう。

第三節　Beruf 相当語の時間的／空間的分布

では、その三注で、著者はなにをどう論じているのか。

注一では、古代ヘブライ語を例外として、ギリシャ語、ラテン語、ロマン語系諸語には、Beruf相当語が見いだされない、という事実が指摘される。

古代ヘブライ語にかんする叙述は、改訂時の加筆である。その語彙のなかには、מְלָאכָה (mᵉlāʼkhā)、חֹק (ḥōq)、דְּבַר־יוֹם (dhᵉbhar-yôm) のように、本源的には「指定された特別の使命」という意味を帯びた語もあった。それらは、とりわけ祭司職に適用されていたが、やがてそうした意味合いが薄れ、あらゆる職業労働に用いられるようになり、その点でドイツ語のBerufに似ていた。ただ『シラ』については、ヘブライ語の原本がルターの時代にはまだ発見されていなかったので、ルターはギリシャ語訳(『七十人訳 Septuaginta』[10])から重訳している。したがって、ルターの訳語Berufは、ヘブライ語聖書原文の精神には由来していない。

ロマン語系については、スペイン語のvocacionやイタリア語のvocazioneが、新約聖書のκλῆσις (klēsis、「福音による永遠の救いへの召し」を意味し、ヒエロニムス訳『公認ラテン語聖書ヴルガータ』ではvocatio) に訳語として当てられるばあいにのみ、「なにものかにたいする内面的な使命」というニュアンスを帯びる。しかしそれらは、今日のBerufとは異なって、世俗的な職業の意味には用いられない。他方、世俗的職業を表わす言葉は、ministeriumやofficiumを語源として当初の倫理的色彩が薄れた語にせよ、arsやprofessioやimplicare (impiego) を語源として当初から倫理的含意はなかった語にせよ、「神から与えられた使命」という宗教的な意味合いを含んでいない。要するに聖俗二義を併せもつ Beruf 相当語は存在しない。

ルターが Beruf と訳した『シラ』一一章二〇、二一節も、スペイン語訳では obra と(『ヴルガータ』に則って)lugar か(プロテスタントの訳でも)post、カルヴィニストの仏訳でも office と labeur、となっており、Beruf 相当語が当てられてはいない。というのも、「ルターは、まだアカデミックに合理化されていなかった当時の官用ドイツ語に、言語創造的な影響を与えることができたけれども、ロマン語系諸国のプロテスタントは、信徒数が少なかったため、そうした影響を「それぞれの母国語に」与えることはできなかったし、あえて与えようともしなかった」[11]。つまり、著者ヴェーバーは、宗教改革者・翻訳者による新しい語義の創造が、どの程度当該言語の語彙のなかに受け入れられ、定着していくのか、という問題点について、一方では、翻訳者の属する宗派が「言語ゲマインシャフト」[12]のなかでいかなる地位を占めているか(「多数派」か「少数派」か)、他方では、影響を被る言語のほうが、すでにどの程度合理化(言語としてステロ化)されているか、といった多様な歴史的/社会的諸条件を、当然のことながら正当に視野に収めて立論している。ヴェーバーは、まさにそうした条件の違いを考え、イングランドの類例は、ロマン語系諸国とは別のコンテクスト(注三の末尾)に移して取り上げることにしたのであろう。

第四節　「アウグスブルク信仰告白」における語形 Beruf の採用

注二では、「アウグスブルク信仰告白」（一五三〇）が取り上げられ、そこでは「使命としての職業」という聖俗二義を併せもつ職業概念は、まだ十分には展開されていない、と要約される論述がなされ、いくつかの条項が例示として引用されている。だが、この**注二**にかぎっては、注が付された本文の――そうした職業概念／Beruf の語義が、聖書原文ではなく、翻訳者たちの精神に由来するという――趣旨と、この注記内容との関係が、いまひとつはっきりしない。

この点を筆者は、つぎのように解釈する。すなわち、当の「信仰告白」が発表されたアウグスブルク国会には、法律保護停止刑を受けているルター自身は出席できず、かれに代わってメランヒトンらが出席し、ザクセン選帝侯領内のコーブルク城に滞在するルターと、書簡で頻繁に連絡を取っていた。したがってルター自身が起草者というわけではないが、この「信仰告白」そのものは、プロテスタントの教理／信条が公式の場で最初に宣言されたという意味では、きわめて重要である。その一六条には「世俗の政府、警察、婚姻などのいっさいを、神の秩序 Gottes Ordnung として尊重し、各人がそうしたもろもろの身分 Stände にあって、キリストの愛と善行とを、その Beruf に応じて証しすべし」とある。なるほど、この Beruf は、ラテン語版ではたんに「そうしたもろもろの身分 Stände［神の秩序としての政府、警察、婚姻など］にあって、善行をなせ in talibus ordinationibus exercere caritatem」としか記されていない事実からも読み取れるとおり、「少なくとも**第一義的**

には『コリントⅠ』七章二〇節の意味における**客観的**秩序 *objektive* Ordnung im Sinn der Stelle I Kor. 7 : 20[13]」の謂いで、まだ「使命としての世俗的職業／職業労働」という語義にまではいたっていない。しかし、語 Ruf ではなく Beruf が、ともかくも「職業」に近い、「職業」をも包摂しうる、「神の秩序ないし神によって指定された客観的地位」の意味で用いられている。ということはつまり、メランヒトンらを含む複数の翻訳者がかかわって、「使命としての職業」という概念が定式化され、訳語 Beruf が選定される一歩手前まで近づいているが、最後の一歩が踏み出されずにいるということであろう。

この事実は、（ヴェーバーが、後述のとおりつぎの**注三**でも、**注二**のこの箇所の参照を指示しながら述べているとおり）ルターが三年後の『シラ』訳で、すでに熟している「使命としての職業」概念を表示する語として Beruf を *ἔργον* (ergon) と *πόνος* (ponos) に当てたとき――ということは当然、類語 Ruf と Beruf とのどちらを採るかという訳語選択に直面し、おそらくは躊躇なく Beruf を採用したとき――、その宗教運動上（したがって歴史上）の根拠をなしたにちがいない。というのも、メランヒトン、ルターらの宗教改革は、スコラ的な語義論争、ましてや語形論争ではなく、強大なカトリック勢力に対抗して民衆や諸侯の心を捉えようとする熾烈な社会的闘争であった。とすれば、正式に宣言された「アウグスブルク信仰告白」でいったん公に採用され、信条に登録され、語義としても一歩手前まできていた Beruf を、三年後には棄て、（前綴 Be- が欠けるだけ弱勢の）Ruf に差し換える必要も理由もなかったろう。

さて、「使命としての職業」という語義の Beruf は、翻訳者のひとりルターが、一五三三年に『シラ』一一章二〇、二一節の ergon と ponos を Beruf と訳出したときをもって嚆矢とする。このヴェーバーの命題は、この**注二**が付された直後の本文で提唱され、さらにそこに付された**注三**で詳細に論証される。とすると、この**注二**は、それに先立ち、一方では一五三〇年の「アウグスブルク信仰告白」における職業概念の未展開を、対照的な背景事実として示し、翻訳者のひとりルターにおける三年後の語義創造の意義を浮き彫りにすると同時に、他方では、ルターがなにゆえにその創造的一歩を踏み出すことができたのか、とくになにゆえに Ruf でなく Beruf を選定したのか、を説明する背景事実として、あらかじめ直前に提示したものと位置づけられよう。そう解釈すれば、一見本文との対応を欠くこの**注二**の記載内容は、第一段落の本文ならびに三注を貫くコンテクストに整合的に収まるであろう。

第五節　『シラ』句意訳による「ベルーフ」語義の創始

注三は、㈠ルター以前の用語法、㈡ルターにおける Beruf の用法二種、㈢ルターにおける『シラ』一一章二〇、二一節の用語法、㈣ルターにおける『コリントⅠ』七章一七～三一節の用語法、㈤ルターにおける『シラ』一一章二〇、二一節への Beruf 適用の経緯、㈥ルター以後一六世紀における Beruf 相当語の普及、とも題されるべき六つの段落から構成されている。以下、ひとつひとつについて詳細に検討してみよう。

（一）ルター以前の用語法

ルター以前には、Beruf も、以後に Beruf 相当語として用いられた各国語（オランダ語の beroep、英語の calling、デンマーク語の kald、スウェーデン語 kallelse など）も、世俗的な職業には適用されていない。発音は Beruf と同じ語（beruff など）は、今日のドイツ語 Ruf と同じ意味（招聘、召喚）をそなえ、特例としては「聖職禄への招聘 Berufung, Vokation」にかぎって用いられ、ルターもときにこの意味で使っている。とすると、この特例が、「聖職禄への」という適用制限を解除され、聖ならざる職禄への招聘にも転用されれば、そこに職業一般への招聘、したがって「（招聘されるに値する）使命としての職業」という語義／概念が誕生する、とも考えられよう。なるほど、「発音は Beruf と同じ語」がこの特例を含んでいたという事実が、後に「使命としての職業」という概念が形成されて、それを表示する語が選定されるさい、他の語ではなく、まさにこの「発音は Beruf と同じ語」が採用される契機として、それに有利にはたらいた、ということはあるかもしれない。しかし、そうした適用解除や転用がじっさいにおこなわれ、受け入れられて普及するには、転用によって新たに適用される職業一般が、すでに聖職と同等の意義を帯び、抵抗なく適用される対象として一般に認められていなければならない。聖職が降格し、世俗的職業が昇格して、等価／同等と見なされることが、転用が円滑におこなわれる条件である。ところで、そうした条件こそ、ルターの宗教改革によってもたらされた。すなわちルターは、先にも述べたとおり（「命令」のみを守る「世俗内道徳」を貶価し、「福音的勧告」にもしたがう「修道院道徳」を賞揚する）中世カトリックの「世界像」を否認し、世俗的な身分や職業における「世俗内道徳」の遵守に、聖職の履行に優るとも劣らない宗教倫理的意義を与え、この思想を、聖書の翻訳／訳語選択をとおして言語改革にまで貫徹したのである。

（二）ルターにおけるBerufの用法二種

ところで、そのルターは、さしあたりまったく異なるふたつの概念に、語Berufを当てた。一方は、パウロのklēsis＝「神によって永遠の救いに召されること Berufung zum ewigen Heil durch Gott」の意味であり、世俗的職業とはいささかも関係がない。用例としては、下記の箇所が挙げられる。[14]

第一種	一五二二年	一五二六年	一五四六年
『コリントの信徒への手紙Ｉ』一章二六節	ruff	beruff	Beruff
『エフェソの信徒への手紙』一章一八節、四章一節、四章四節	beruff	beruff	Beruff
『テサロニケの信徒への手紙II』一章一一節	beruff	beruff	Beruff
『ヘブライ人への手紙』三章一節	beruff	beruff	Beruff

『ペテロの手紙』一章一〇節　beruff　beruff　Beruff

第二種

いまひとつの用法こそ、『シラ』一一章二〇、二一節の ergon と ponos に Beruf を当てたばあいで、ドイツ語の Beruf が、今日と同じく世俗的職業の意味に用いられた最初の事例である。[15]

ただし、同じ『シラ』一一章二〇節でも、前半 stēthi en diathēkē sou（汝の定めにとどまれ）の διαθήκη, diathēkē は、同じく『シラ』一四章一六節、四三章一〇節の用例[16]からも窺えるとおり、ヘブライ語の ḥōq に一致し、ドイツ語の Beruf に似た「運命、指定された労働」という意味をそなえているにもかかわらず、ルターは、bleibe jnn Gotteswort（神の言葉にとどまれ）と訳している。他方、同じく『シラ』一一章二一節の ponos は、work, esp. hard work, toil, labor という意味であるにもかかわらず、ルターは、こちらには Beruf を当てている。この至近の対照例に明らかなとおり、ルターは、（宗教的）使命という意味を含むか、含みやすい、したがって Beruf と訳しやすい原語（このばあい diathēkē）には、じっさいには Beruf を当てず、他方、宗教的意味を含まず、含むとしても「神による懲罰としての労苦」という否定的意味合いを帯び、Beruf とは訳しにくい原語（このばあい ponos）にはかえって Beruf を当てている。すなわち、ルターの翻訳は、原文に忠実な機械的／画一的な直訳ではなく、むしろ、「翻訳者の精神」すなわち宗教改革者としてのみずからの思想を表明する意訳である。

ルター以前には、『シラ』一一章二〇、二一節の ergon と ponos は、Werk と訳され、説教でも、今日ならBerufというところで、Arbeitという言葉が使われていた。したがって、ひとまず、この第二種は、宗教改革者ルターが、翻訳者として創始した用法で、それが、ルター以降の翻訳者たちによっても（拒まれず、廃れず）受け入れられ、普及して、今日にいたっている、といえよう。

ところが、純宗教的な「召し、召命」を表わすギリシャ語klēsisの訳語には、ルターの第一種用法Beruf以外にも、Berufの類語Rufがある。たとえば、ハイデルベルク大学図書館所蔵の古印刷聖書では、第一種用法の箇所が»ruffunge«と訳されているそうであるし、[17] カトリック神学者のエックによるインゴルシュタット訳では、一五三七年にも、『コリントI』七章二〇節のklēsisがRufと訳されているという。[18] とすると、そのRufが、かりにルター以前に、「神による召し、召命」の原義を保持しながら、どこかで（ちょうどルターが『シラ』一一章二〇、二一節でおこなったように）世俗的な職業に適用されていたとしたら、「使命としての職業」という聖俗二義を併せもつ語（Berufではなく同義の）Rufが、ルター以前に創始されていたことになり、ことによるとルターは、そのRufの語義をそのまま継承して、ただ語形をBerufに替えただけかもしれない。かりにそうだとすると、右述のルター創始説は、少なくとも半ばは覆えされ、「使命としての職業」という聖俗二義を併せもつ語Rufの創始点が重要で、そこにこそ遡行する必要がある、ということになろう。

そこで、著者ヴェーバーは、ルター以前のRufの用法に目を向ける。すると、本文でも言及されていたドイツ神秘家（タウラー）が、ルターの第一種用法にも数えられていた『エフェソ』四章にかんする釈義で、klēsisをRufと訳したうえ、「施肥に赴く農民が実直に自分のRufに励むならば、自分のRufをなおざりにする聖職者に優る」と説き、農民の施肥という世俗的職業労働に適用する、まぎれもない事例が、確かに目に止まる。ただし、この用例は、あまりにも時期尚早で、機が熟していなかったためか、鮮やかながら単発打／孤立例に終わり、その後用法として確立し、説教文献の範囲をこえて「世俗語にまで普及していくことがなかったし、現に普及してもいないin die Profansprache nicht eingedrungen ist〔現在完了〕」[19]。現代ドイツ語の辞書を引いても、Rufの見出しのもとに「職業」の語義は見当たらない。ルターが、この点にかけてはいうなれば（ドイツでも）「一番打者」として、タウラーと同じように、ただBerufのほうを世俗的職業に適用し、その用例が、（ルターらの宗教改革運動の成果として）「アウグスブルク信仰告白」（一五三〇）が正式に宣布されるにいたっている歴史的情勢に恵まれ、こちらは用法として確立し、広く受け入れられ、普及して現在にいたっている。そのかたわらで、タウラーのRufのほうは、顧みられず、廃れていく運命をたどったのである。

また、ルターによる「継承」問題についていえば、なるほど『キリスト者の自由』などには、タウラーの説教と響き合うところがあり、「ルターの用語法Luthers Sprachgebrauchが、初めのうちanfangs（s. Werke, Erl. Ausg. 51, S. 51）»Ruf«と»Beruf«との間で揺れている」[20]ところから見ても、その（ルターにおける稀少例としての）»Ruf«のほうを、タウラーの直接の影響に帰することができそうにも思われる。しかし、ヴェーバーによれば、それはけっして確かではない。というのも、「ルターは当初 zunächst、この語〔»Ruf«〕を、タウラーの右記箇所と同じような、純然たる世俗的〔職業の〕意味に用いてはいない(21)」からである。すなわちルターは、当初（著者が挙示している箇所としては、一五二二年の『コリントⅠ』七章二〇節と、翌一五二三年のその釈義で）klēsis の訳語として Ruf を用いているが、その語義はせいぜい「神の秩序として、神によって召し出された世俗的身分」どまりで、タウラーにおける農民の施肥労働のような、純然たる世俗的職業労働までを意味してはいなかった。つまり、Ruf の用法にかけて、タウラーとルターとは「直接には一致せず」、後者の用法を前者の用法の「直接の影響」に帰することはできない。ただ、管見では、「固有の意味におけるルター研究」ないし「タウラー－ルター関係研究」の一テーマとして、「間接の影響」を問う余地は残されているといえよう。

（三）ルターにおける『シラ』一一章二〇、二一節の用語法

しかし、ここ「倫理」論文の「価値関係的パースペクティーフ」では、「使命としての職業」という聖俗二義をかねそなえ、かつ今日に生きている語の創造が問題なのであるから、たとえ「二番打者」であれ、ルターによる語 Beruf の創始点、すなわち『シラ』一一章二〇、二一節に立ち帰って、当の創造の経緯を問わなければならない。

この『シラ』一一章二〇、二一節も、『七十人訳』の原文では、神への信頼一般が知恵として説かれているだけで、世俗的職業労働それ自体に、なにか特別の宗教的かつ肯定的な評価が与えられて

いるわけではない。原文の ponos には、むしろ逆に「神による懲罰としての苦役／労苦」といった否定的評価が表現されている。ベン・シラがいわんとするのは、『詩篇』三七章三節の勧告と同様、「神なき者の営利追求と繁栄に惑わされず、神を信頼して誠実に糧をえよ」という趣旨であろう。(22) ただ一一章二〇節冒頭の diathēkē だけは、klēsis にやや近い意味をもっているが、右述のとおり、ルターはここには Beruf を当てず、Wort と訳している。

そういうわけで、ルターの聖書翻訳において語 Beruf が当てられている対象は、片や「神による召し（ないし召された状態）」、片や「（宗教的評価をともなわない）世俗的職業労働」というふうに、一見まったく異質で、この二種の用法に連絡をつけることは、不可能のようにも思われる。ところが、ここで、読者とともに、『コリントI』のある特定箇所とその翻訳 die Stelle im ersten Korintherbrief und ihre Uebersetzung」を取り出して読んでみることにしよう。すると、この箇所が、一見相いれない二種の用法を「架橋し die Brücke schlägten〔現在形〕」(23)、双方の関連を解き明かす鍵を提供してくれる。

（四）ルターにおける『コリントI』七章の用語法

そこで『コリントI』の該当箇所、すなわち七章一七〜三一節のあたりを、ルター訳聖書のうちでも読者が入手しやすい「現代の普及諸版 die üblichen modernen Ausgaben」を手にとって読んでみよう。著者ヴェーバーは、第一章第二節冒頭では、フランクリンの「貨幣増殖」説教を、キュルンベルガー『アメリカにうんざりした男』からわざわざ孫引きしていたが、ここでもわざと、ルター自身の「原典」ではなく、[24] ルター以降の翻訳者たちによって改訂が施されている「普及版」を、それと知り、まさにそれゆえに、読者との「トポス」に採用し、一七〜二四節を逐語的に引用し、二九、三一節にも論及し、そこから議論を開始するのである。

一七節は「おのおの主から分け与えられた分に応じ、それぞれ神に召されたときの身分のままで歩みなさい。これは、すべての教会でわたし［パウロ］が命じていることです」（新共同訳から引用）とあり、ヴェーバーのいう「架橋句」の導入部に当たる。このあと、一八／一九節では、割礼者／無割礼者の別（つまり ethnic status）、二一〜二三節[25]では、奴隷／自由人の別（social status）、二五節以下では配偶関係の別（marital status）が取り上げられ、これら現世における客観的「状態／地位／身分 statūs, Stände」のいかんには、いささかもこだわらず、「終末論的現世無関心」の態度で臨むべきことが説かれている。そして、三具体例の間に挟まった二〇節と二四節で、そうした客観的「状態／地位／身分」が、「神に召された状態」と捉えられ、「各人は召されたときと同じ、その状態／地位／身分にとどまれ」との一般命題に集約される。平信徒／聖職者の別（ecclesiastical status）を問わない、という「万人司祭主義」の原則へは、ここからあと一歩というところであろう。

問題は七章二〇節であるが、ヴェーバーはここで、普及版ルター聖書の訳文 Ein jeglicher bleibe in dem Beruf, in dem er berufen ist のあとに、ギリシャ語原文 en tē *klēsei* hē eklēthē を引用し、[26] 普及版では klēsis が Ruf ではなく Beruf と訳出されていることを明示している。また、普及版からのこの引用を締めくくる段落末尾では、「一五二三年にはルターはまだ、この章の釈義で、古いドイツ語訳に倣い、klēsis を »Ruf« と訳し (Erl. Ausgabe, Bd. 51, S. 51)、当時は damals »Stand« と解釈していた〔過去完了〕[27]」と明記し、再度『エアランゲン版著作集』五一巻、五一ページの参照を指示している。したがって、著者ヴェーバーは、ルター自身はまだ『コリントⅠ』七章二〇節の本文でも釈義でも[28] »Ruf« と訳していた箇所が、普及版では Beruf と訳出され、その間に改訂されている事実を、完全に知悉したうえ、わざわざ読者に明示しているのである。まさにそうすることにより、ヴェーバーは、ルター自身はまだ »Ruf« と訳していた『コリントⅠ』七章二〇節の klēsis が、ルター以降の翻訳者たちによっては、いうなればルター自身を越えて Beruf と訳出されてもおかしくはないような「客観的意味」のコンテクストに内属しているという事実、そのコンテクストをこそ、読者に示そうとしたのであろう。

(五) ルターにおける『シラ』一一章二〇、二一節への Beruf 適用の経緯

確かにこの『コリントⅠ』七章二〇節では――ここにかぎっては――、原文の klēsis が、ラテン語の status、ドイツ語の Stand に近い意味で用いられている。しかしまだ、世俗的職業は意味せず、ブレンターノの主張に反して、今日の Beruf と同義ではない。二三のギリシャ語文献に当たってみても、klēsis はいずれも、今日のドイツ語における Beruf の意味で用いられてはいない。

それでは、klēsis が、今日のドイツ語における Beruf の意味で用いられたのは、いつ、どこで

か。それこそ、一五三三年、ルターが旧約外典の『シラ』を独訳したさい、一一章二〇、二一節のもっぱら世俗的職業ないし職業労働を表わすergonとponosに、それまではもっぱら宗教的意味のklēsisにだけ用いてきたBerufを当てたとき、まさにそこにおいて、であった。

ヴェーバーによれば、ルターは、前段（四）で確認したとおり、例外的に世俗的身分も意味する『コリントI』七章二〇節の箇所では、かえってドイツにおける翻訳の伝統にしたがってRufを用いていたが、「各自が［使徒の宣布する福音を介して神の召しを受けたときと同一の］現在の状態にとどまれ、との終末観にもとづく［パウロ／ペテロの］勧告」、すなわち第一種用法の諸箇所では、一貫して「klēsisをBerufと訳していた［過去完了形］」。「そのルターが、その後später、旧約外典を翻訳した［過去形］ときには、『各自その生業Hantierungにとどまることを可とする』との、『シラ』の伝統主義的な反貨幣増殖主義［反貨殖主義］にもとづく勧告についても、両勧告［右記終末論的勧告ならびにこの伝統主義的反貨殖主義の勧告］が、［各自の置かれている客観的状態を神の召しとして受け入れ、さればこそそこに堅く立てemmenō=abide byと説く点にかけて］すでにschon**実質上類似している**という理由からも」、『シラ』一一章二〇節のergonのみか、一一章二一節の「ponosに［まで、躊躇なく］語Berufを当てることができたし、その訳語選択が結果として受け入れられ、普及して、現在にいたっている［現在完了形］」(29)。

この箇所に、ヴェーバーは改訂のさい、「これこそ、決定的かつ特徴的なことである。前述のとおり、『コリントI』七章一七節［以下］の箇所では、klēsisはおよそ『職業』すなわち、［身分とは異なって］特定された仕事の領域abgegrenztes Gebiet von Leistungenという意味では用いられていない」と加筆している。まことに、そのとおりである。原著者ヴェーバーにとっては、ルターにおいて、もともと変則的ないし例外的な『コリントⅠ』七章二〇節のRufが、Berufに改訂されてergonとponosにも適用される、ということが問題なのではない。なるほど、『コリントⅠ』七章二〇節が内属する七章一七〜三一節のコンテクストで、『神の召し』が世俗の『客観的秩序』にもおよび、当の客観的秩序が『身分』として具体的に把握される」と解され、この思想をいわば突破口に、世俗的「身分」（という現世秩序の上位のSubdivision）のみか、さらに個別的な「職業」（という現世秩序の下位のSubdivision）への編入までが、「神の召し」にしたがう「使命としての職業」として把握されるようになるのであるから、『コリントⅠ』七章一七〜三一節は、まさにヴェーバーのいう「架橋句」として、そのかぎりできわめて重要である。しかし、決定的なのは、その「架橋句」に表明された思想を媒介として、それまでは一貫して、もっぱら「神の召し、召された状態」という宗教的意味に用いられてきた第一種用法のBerufが、そのまま、変則的でも例外的でもない宗教的意味を十全に保ったままで、完全に世俗的な職業／職業労働、しかもそれまでは宗教的栄光化とは無縁で、むしろ「懲罰としての苦役」というニュアンスさえ帯びていたponosにまで適用されるにいたった、ということである。そうして初めて、たとえ旧約外典の一節においてであれ、それ自体として完全に「使命としての職業」という語義をそなえた語Berufが誕生した、といえるのである。

なるほど、ここには、一種の「不整合」があり、問題が残されているようにも見える。ルターは、

「突破口」となる『コリントI』七章一七〜三一節中の klēsis を真っ先に Beruf に改訳してもよかったはずであるが、じっさいにはそうしなかった。また、『シラ』句の翻訳で「使命としての職業」という語義をそなえた語 Beruf を創り出したうえは、（ルター以降にルター派の翻訳者たちがじっさいにそうするように）ルター自身も、その後、『シラ』句との整合性において『コリントI』七章一七〜三一節中の klēsis にも Beruf を当ててもよかったと思われるが、なぜかそうはせず、最後まで Ruf で通した。この二点は、「固有の意味におけるルター研究」においては、なんらかの価値観点から、カール・ホルのいう「ルターの流儀」(30)に解消すべきではなく、「不整合」として正面から問題とし、その理由の探索がなされてもよいであろう。しかし、この「倫理」論文は、「固有の意味におけるルター研究」ではなく、「資本主義の『精神』」ないしはその核心にある「職業義務観」という「集合態」的意味形象を研究対象とし、その宗教的背景を問い、やがては本論で、「世俗内禁欲」の救済道を打ち出した諸宗派の信仰内容との間に、いかなる「意味連関」があるかを究明しようとする、歴史・社会科学的研究である。したがって、「問題提起」章中の一節を割り当てたルター論では、ルターが救済道を世俗内に「転轍」し、「使命としての世俗的職業」概念とこの概念を表示する語 Beruf を創出した画期的意義と、「禁欲」を「わざ誇り Werkheiligkeit」として忌避し、「伝統主義」に傾いた限界とを、ともに確認すれば足りる。概念-語義の創出過程論でも、「使命としての職業」概念の創出が、偶然ではなく、聖書原文に由来するのでもなく、翻訳者の精神から、したがって宗教改革の必然的帰結として生まれたことを証明すれば、それでひとまずは十分なのである。

さて、右のとおり、『シラ』句のergonとponosにBerufを当てたとき、「使命としての職業」概念を表示する語Berufが創出されたのであるが、右記の論証のかぎりでは、それはなにか「両勧告がすでに実質上類似しているという理由から」、つまり、もっぱら両勧告の「客観的意味」における類似に「引きずられ」、解釈主体の関与ぬきにも招来された結果であるかのようにも思われよう。こうした解釈は、大塚訳、梶山訳／安藤編の両邦訳とも、「すでにschon」を「たんに」「ただたんに」と訳出し、意図してではなくとも、「類似」を活かす解釈者の主体性を軽んずるバイアスをかけていることによっても、誘い出されやすいといえよう。しかし、こうした文言によって指し示される事態そのものを、想像力をはたらかせて思い浮かべ、よく考えてみよう。このばあい、解釈者はマルティン・ルターなのである。かれがなにか、「類似」に「引きずられ」、まるで「ことの弾みで」「魔が差した」かのようにponosにまでBerufを当て、没主体的に「使命としての職業」概念を創出してしまった、というのであろうか。かりにそうだとすると、「使命としての職業」概念の創出は、偶然の所産で、宗教改革の必然的産物とは見なしえないことになる。しかし、ルターともあろう者が、それほど「いい加減に」聖書を訳し、ヴェーバーもヴェーバーで、ルターの聖書翻訳をそうした「杜撰な」作業として「杜撰に」追認した、とでもいうのであろうか。

原著者ヴェーバーは、ルターが両勧告の「類似」ゆえに無理なく、ponosにもBerufを当て、「使命としての職業」概念を創出することができたのではあるが、それもけっして偶然ないし機械的な結果ではなく、内面的／思想的必然性をそなえた主体的選択の帰結であると見ている。そして、すぐあとにつづく文章で、当の主体的契機を取り出して論じ、宗教改革の必然的産物であると同時に、ルター特有の伝統主義の帰結でもあることを立証するのである。したがって、問題の句に見える「すでにschon」とは、こうしたコンテクストのなかで、「つぎに述べる主体的契機を待つまでもなく、実質上の類似からしてもすでに」という意味に解されなければならない。

ここに、前述**注二**への参照指示が付されており、それが活きている。ヴェーバーによれば、「その間（あるいはほぼ同時期の）一五三〇年には、アウグスブルク信仰告白が、プロテスタントの教理を確定し、カトリックの――世俗内道徳を貶価し、修道院実践によって凌駕すべしと説く――教理に無効を宣していたが、そのさい『各人はそれぞれの »Beruf« に応じて』という言い回しが用いられていた〔過去完了〕」（前注〔**注二**〕を見よ）。〔①〕このこと〔アウグスブルク信仰告白が（Ruf でなく）Beruf を用いていたこと〕と〔②〕ちょうど一五三〇年代の初葉、生活の隅々にもおよぶ、まったく個別的な神の摂理にたいするルターの信仰が、ますます鋭く精細に規定されるような形態をとるにいたった immer schärfer präzisiert 結果、各人の置かれている〔個別の〕秩序を〔したがって『身分』よりもさらに個別的な『職業』をも〕**神聖なもの**として尊重するかれの捉え方が、本質的に強まってきたこと、それと同時に、〔③〕世俗の秩序を、神が不変と欲したまうた秩序として受け入れようとするルターの〔伝統主義的〕傾向がますます顕著になったこと、――これら〔①②③〕のことが、ここで〔『シラ』一一章二〇、二一節で〕ルターの翻訳に現われている hier in Luthers Uebersetzung hervortreten〔現在形〕[31]」というのである。そこで、「アウグスブルク信仰告白」に論及している前注二を参照すると、その第二七条ではBerufにvocatioが当てられているが、「このvocatioは、ラテン語の伝来の用法では、まさしく神聖な生活、とくに修道院生活あるいは聖職者としての生活への神の召命／招聘という意味で〔それだけに限定して〕用いられていた。それが、ルターのばあいには、かの〔修道院実践による世俗内道徳の凌駕を説くカトリックの教理を無効と宣言して、世俗内道徳をこそ重視する、「アウグスブルク信仰告白」に表明されたプロテスタントの〕教理の圧力を受けて、いまや世俗内の『職業』労働が、そうした、神による召命／招聘の色調を帯びた〔過去形〕[32]のである。」

このようにヴェーバーは、ルターにおいて「使命としての職業」概念を表示する語Berufが創始された主体的契機を、①宗教改革の事業がようやく信条を公布する段階にまで達したので、そこで採用された、(klēsisの通則的訳語として)宗教的意義に充満した語»Beruf«を継受し、まぎれもなくもっぱら世俗的な職業を表わしてきた語ergonとponosにあえて適用して、世俗的職業を「神による召命」とみなす思想をそれだけ強く打ち出し、明確な語義／語用法にまで貫徹して、世俗内道徳の重視にさらに拍車をかけようという宗教改革者ルターの決意、とともに、②ルターにおける摂理観の個別化、③ルターにおける伝統主義という密接に関連している二契機にも求めている。ところで、このうちの契機①については、前注二への参照指示にしたがい、その趣旨を汲み出すことによって、説明がついている。しかし、残る②と③については、この二契機が『シラ』一一章二〇、二一節におけるルターの訳語選定を規定していると、たんに陳述している――あるいは、せいぜい仮説を提出している——だけで、まだ論証の体をなしてはいない。そこでヴェーバーは、こういうさいのいわば常套手段として、類例との比較を試みる。

かりに、一五三〇年代の初葉に、②ルターの摂理観がさらに個別化されなかったとすれば、「神の召命」は「身分」どまりで、「職業労働」にまではおよばなかったであろうし、③伝統主義の傾向が強まらなければ、「職業に堅くとどまれ emmenō=abide by」という原文表記に Beruf を当てることもなかったであろう。ところが、じっさいにはそうではなくて、一五三〇年代の初葉に、この②と③の契機が緊密に連携しながら進展し、じっさい一五三三年には『シラ』の訳語選定を規定した。その事実は、つぎの類例との比較によって立証される。すなわち、ヴェーバーが、右記の引用にすぐつづけていうには、「それというのも、ルターは、『シラ』の ponos と ergon を、……いまや Beruf と訳すのであるが、その数年前になお einige Jahre vorher noch『箴言』二二章二九節のヘブライ語 m^{e}lā'khā を、これが『シラ』のギリシャ語訳テクストにみえる ergon の原語で、ドイツ語の Beruf や北欧語の kald, kallelse とまったく同様、とくに**聖職への**『召命 Beruf』に由来する語であったにもかかわらず、〔Beruf とは訳さず〕他の箇所（『創世記』三九章一一節[33]）とまったく同様に、*Geschäft* と訳していたからである（『七十人訳』では ergon、『公認ラテン語訳聖書ヴルガータ』では opus、英訳聖書では business と訳され、北欧語その他、手元にある翻訳もすべて、これと一致している）[34]」。

ここで引き合いに出されている『箴言』二二章二九節とは、例の「汝、そのわざ Beruf に巧みなる人をみるか、かかる人は王のまえに立たん」というフランクリンのモットーであり、「かれの倫理のアルファにしてオメガ」とされた句である。ところが、この句は、(フランクリン父子の時代のアメリカ合衆国では)同じBerufあるいはcallingが当てられるようになっていたとしても、『シラ』の類例とは異なり、当の「わざ」を、②神の摂理の個別的な顕現とも、したがって③その枠内に堅くとどまるべき伝統的秩序の一環/一分肢とも、捉えてはいない。むしろ、「わざが巧みなמָהִיר(māhiyr)」という人為に力点を置いている。ということはつまり、(ルターが『シラ』の基調と見た)「神信頼」の、そこ(『箴言』句)における秘かな欠落を顕し、それだけ人為に頼って(ルターが原則的にしりぞける)「わざ誇りWerkheiligkeit」にも通じる、危うい傾きを孕んでいる、ということであろう。そこでルターは、それが旧約正典の一句で、ギリシャ語『七十人訳』の原文では(『シラ』のコンテクストではBerufを当てた)ergonで、ヘブライ語の原語も、語根l'kh(遣わす)に由来し、かつては「遣わされた使命」の意味を帯びていて、Berufと訳しやすいm^{e}lā'khāであったにもかかわらず、あえてBerufとは訳さずに、そっけなくGeschäftと訳した。『シラ』句と『箴言』句とが同義/等価で、ただ「時間的前後関係」が問題であり、数年まえにはまだ『箴言』二二章二九節のm^{e}lā'khāをGeschäftと訳していたルターが、数年後には②摂理観の個別化と③伝統主義化の結果、当のm^{e}lā'khāにも、原文どおりBerufを当てるようになった、というのではないし、そんなことがルターに起きようはずもない。原著者ヴェーバーがいわんとするのは、②摂理観の個別化と③伝統主義化の結果、『箴言』二二章二九節のm^{e}lā'khāには、ますますBerufは当てられず、Geschäft で通すほかなくなる一方、『シラ』一一章二〇、二一節の ergon と ponos には、原文／原語からは無理でも、まさに「翻訳者の精神」において Beruf を当てたという事実、これである。時間的に至近の類例・対照例を引き合いに出すことによって、じじつ起きた『シラ』一一章二〇、二一節における ergon と ponos との Beruf 訳」という結果を、②、③として顕れたルターの思想変化という主体的契機に「意味・因果帰属」している。繰り返していえば、ルターが、時間的に近接した「数年まえにはまだ」、原文／原語からは Beruf を当てやすい『箴言』句には Beruf を当てなかったのに、数年後には、Beruf を当てにくい『シラ』句に、じっさいには Beruf を当てたのはなぜかといえば、それは、ルターの、②個々人の具体的境遇（したがって職業への編入）にまで神の摂理を認める傾向がつのり、それと同時に、③そうした現世の秩序を神の摂理とみて、各人はいったん召し出された職業に堅くとどまるべきである、とする伝統主義が強まり、こうした思想／思想変化が訳語の選択に表明された結果である、というのである。

ここで、「ルターの職業観」節第一段落の本文と三注に述べられている内容を要約すれば、こうも言えよう。すなわち、今日でもなにほどか「使命としての職業」という聖俗二義を併せもつ言葉として頻繁に用いられる語 Beruf は、（ここでは、この語を「トポス」として、読者とともにその歴史的創始点に遡行し、「近代市民的職業エートス」の歴史的一与件の誕生に立ち会おうと探究を試みたのであるが、それは）偶然でも、聖書原文の直訳でもなく、宗教改革における翻訳者たち、とりわけマルティン・ルターの精神において、聖書の意訳によって歴史的に創造された。詳言すれば、一方では、『コリントI』七章一七〜三一節のコンテクストにおける klēsis が、この語の用例としては変則的ながら、すでに「神の秩序としての身分」という意味に解され、一五三〇年の「アウグスブルク信仰告白」ではその意味で »Beruf« と訳され、公式に採用されていた、という事態を客観的与件とし、他方では、翻訳者のひとりルターにおける②各人の「身分」のみか「職業」への編入をも神の摂理と見る、摂理観の個別‐精緻化と③伝統主義化という思想変化を主体的契機として——そのように客観的与件と主体的契機とがあいまって——一五三三年の『シラ』翻訳のさい、(世俗的職業/職業労働しか意味しなかった) ergon と ponos に、(「神の召し」という宗教的意味に用いられ、特例としても「聖職への招聘」に適用を制限されていた) Beruf が当てられることにより、まさにそのとき、創始された。それ以降、ルターのその意訳が、以後の翻訳者たちによって受け入れられ、普及して——ばあいによっては、ルター本人をこえ、『コリントI』七章二〇節の klēsis や『箴言』二二章二九節の m^{e}lā'khā にまで Beruf ないしは Beruf 相当語が適用されて——今日にいたっている。

さて、語 Beruf ならびに Beruf 相当語の、以後の歴史的運命/普及に一瞥を投ずるとすれば、ここでも最小限つぎのことは指摘しておいてよいであろう。ルターによって創造された「今日の語義における語 Beruf は、さしあたりは zunächst もっぱら**ルター派内に**かぎられていた〔過去形〕[35]」。ルターによって敷設された「世俗内救済」の「軌道」を「伝統主義」から「禁欲的合理主義」に「転轍」した「禁欲的プロテスタンティズム」諸派、とりわけ嚆矢をなす「カルヴァン派は、旧約外典を正典外 unkanonisch と考えていた〔過去形〕[36]。したがって、そもそも『シラ』そのものを重視せず、そのうちの二語の翻訳など、ことさら問題にしようともしなかったであろう[37]。その「カルヴァン派が、ようやく erst ルターの職業概念を受け入れ、重視するようになって現在にいたる〔現在完了〕のは、『確証』問題への関心が前面に出てくる、あの発展の結果であって、当初の erst（ロマン語系の）翻訳では、ルターの職業概念を表示するのに使える語がなく、かつまた、すでにステロ化されている国語の語彙のなかに、そうした語を創り出し、流布させ、慣用語として定着させるだけの勢力もなかった〔過去形〕[38]」。

ここで「『確証』問題への関心」とは、被造物から深淵によって隔てられた「予定説の神」をまえに、「この自分は、はたして選ばれているのか、それとも棄てられているのか、自分が選ばれていることを、なにをよすがに認識し、確信できるのか」というカルヴァン派平信徒大衆の深刻な苦悶の謂いである。自分が選ばれていると確信していたジャン・カルヴァン（一五〇四～六四）自身には、「確証」などそもそも問題とはならず、かれにはむしろ、そうした問いを発すること自体、信仰が足りない証左で、非難されるべきことであった。しかしその問いは、平信徒大衆にとっては決定的で、各人に切実に問われた。牧会の実践では、この問いに答えて、『神の栄光』を顕す『神の道具』として職業労働に没頭し、不安をしりぞけて『選びの確信』に達し、そうして生涯『恩恵の地位』を維持すべし」と説かれ、ここから持続的な「禁欲」が駆動された。ところが、そうした発展は、早くとも当の「予定説」と「予定説の神」が『ウェストミンスター信仰告白』(一六四七)に表明されるころからであり、ルターによる語 Beruf 創始の直接の影響には帰せられない。カルヴァン派を初めとする「禁欲的プロテスタンティズム」における「神観―救済追求―禁欲的合理主義の意味連関」は、まさにこの「倫理」論文の主要テーマとして、このあと本論(第二章)で論じられる。したがって、ルターの職業概念と語 Beruf の創始に焦点を絞り、課題を限定しているこの**注三**では、カルヴァン派ほか「禁欲的プロテスタンティズム」諸宗派の「職業観」「職業思想」はもとより、それぞれの「職業概念」/語義論にさえ、ことさら立ち入る必要はない。

それに、先にも**注一**末尾で触れられていたとおり、一六世紀におけるロマン語系諸国のカルヴァン派は、それぞれの「言語ゲマインシャフト」における「少数派」で、各言語そのものもすでにステロ化されていたから、言語改革という一点にかぎっては、ルターに比肩されるほどの語義創造/語彙改革を達成することはできなかった。ルターによる語 Beruf 創始をテーマとするこの**注三**ではあるが、末尾のこの第六段落にかぎっては、ルター派の範囲をこえる語 Beruf ないし Beruf 相当語の普及に一瞥を投ずることになるので、普及先の宗派の置かれている多様な歴史的/社会的諸条件を考慮しつつ慎重に取り扱われなければならない。では、ルター/ルター派のドイツとも、ロマン語系諸国とも、明らかに条件を異にするイングランドを初め、英語圏のばあいはどうであろうか。イングランドは、一七世紀以降、プロテスタント諸宗派の大衆宗教性が入り乱れて覇を競う主戦場ともなるので、そうした歴史的展開との連続性を、日常語の語彙／語義について確認しておくためにも、ここでとくに、ルターによる語 Beruf 創造の直後における直接の影響にかぎって（それ以降における語義のみでなく思想の間接の影響については、右記の理由で本論で主題化することにして）通観しておくとしよう。

（六）ルター以後一六世紀における Beruf 相当語の普及

そのまえに、ドイツに一瞥を投ずると、「Beruf の概念は、その後すでに一六世紀のうちにも、教会以外の文献では今日の意味で用いられるようになっている」[39]。ルター以前には、klēsis が、たとえばハイデルベルク古文書館にある一四六二／六六、一四八五年の聖書では Berufung、一五三七年の（厳密にはルター以前ではないが）、エック訳インゴルシュタット版では Ruf と訳されているが、それ以降は、カトリックの翻訳も、たいていは直截にルターにしたがっている[40]。

ここでいよいよ、比較の範囲をルター派／ドイツ以外に広げ、どの宗派にも一様に重視された新約正典の『コリントI』七章二〇節を定点観測の指標に据えて、イギリスにおける訳語の普及状況を概観すると[41]、まず注目すべきことに、一三八二年のウィクリフ訳[42]が、いちはやくこの箇所の klēsis を cleping と訳している。この cleping は、後に calling にとって代わられる、宗教改革時代の用語法に一致する語で、ロラード派（ウィクリフ派）の倫理の特徴を示している。

それに反して dagegen（ということはつまり、『コリントI』七章二〇節の klēsis をもルター本人をこえて Beruf と訳すルター派的な用語法を規準とすれば、ロラード派からの一定の後退を意味するが）、一五三四年のティンダル訳[43]は、この klēsis を（ルターと同じく）「身分」と解し、in the same *state*, wherein he was called と訳した。（亡命カルヴァン派信徒のウィッティンガムによる）一五五七年のジュネーヴ版[44] die Geneva von 1557 でも同様である。

このジュネーヴ版以前に、一五三九年の公認クランマー訳（「大聖書[45]」）が、この state を calling に置き換え、calling を trade の意味で用いる（つまりイギリスにおける Beruf 相当語の）嚆矢をなした。

ところが、その後に出た（亡命カトリック教徒による）一五八二年のランス（ドゥエ）版新約聖書[46]と、エリザベスⅠ世時代（在位一五五八～一六〇三）の「宮廷用イングランド国教会聖書[47] die höfischen anglikanischen Bibeln［複数[48]］」は、クランマー訳の calling を、ふたたび『ヴルガータ』に倣って vocation に戻している。

さて（原著者ヴェーバーの論旨をわずかながら筆者が補足して敷衍すれば）、一六世紀イギリスの聖書英訳事業は、ウィクリフ／ロラード派の伝統を引き継ぐ「下からの」宗教改革の延長線上に位置するとしても、他面、ローマ教皇庁の掣肘から脱して専制君主としての国内支配を固めようとし、一面では（教皇庁公認『ヴルガータ』の権威に対抗する）聖書の自国語訳を奨励し、ばあいによってはイニシアティヴをとりながらも、平信徒大衆の「自由検討」にもとづく反権威主義的自立と反乱を恐れ、ときには教皇庁に身を寄せるテューダ朝の国王たち——政略結婚とからんだ離婚問題で教皇と争い、修道院を解散し、イングランド国教会を樹立したが、ルターやカルヴァンの教理は否認し、ティンダルを処刑したヘンリⅧ世（一五〇九～四七）、ひきつづき修道院解散を推し進めると同時に、教理と儀礼の面でもプロテスタント色を強めたエドワードⅥ世（一五四七～五三）、カトリックに復帰してプロテスタントに血の弾圧を加えたメアリⅠ世（一五五三～五八）、国教会派プロテスタントながらカトリック的要素も温存し、折衷的に独自色を出そうとしたエリザベスⅠ世――による「上からの」宗教政策に、肯定的にせよ否定的にせよ、顕著に規定されざるをえなかった。そうした時代相を映し出し、右に瞥見したような、相応の一進一退／紆余曲折をへながらも、聖書英訳の事業総体は進展し、それとともに、calling を trade の意味に用いる「ピューリタン的な用語法」（Beruf 相当語）も根を下ろしていった。このうち、「クランマーの聖書翻訳 die Crammersche Bibel-übersetzung」[49]が当該用法の端緒をなすことは、（「倫理」論文執筆当時、編集途上にあって刊行されたばかりの）OED の calling の項目で、碩学マレー博士が適切に指摘している。すでに一六世紀中葉には calling が Beruf 相当語として使われ、一五八八年には unlawfull calling、一六〇三年には greater calling といった用例が見られる。そして（一点だけ、一六世紀の国教会の要請を引き継ぎ実現する形で一七世紀に食い込んでいる一大編纂について補足すれば）、ステュアート朝初代のジェームズⅠ世（一六〇三～二五）の肝入りで開始され、六班五一人の聖書学者が、一六世紀の諸訳を丹念に参照し、原文とも照合して採長補短のうえ集大成したといわれる一六一一年「（キング・ジェームズ）欽定訳[50]」では、『コリントⅠ』七章二〇節に in the same *callinge*, wherin he was called

という用語法が採用され、一六世紀の紆余曲折が収束をみている。

小括

このように通観してみると、「使命としての職業」という聖俗二義を併せもつ語 Beruf を「トポス」に据え、ルターにおける語義の創始過程と直後の普及に遡行して捉え返してくる原著者ヴェーバーの論述は、「意味探し」と「素材探し」との統一として、いかにもかれらしい緊密な論理整合性と的確な資料処理をともない、読者を念頭に置いて一歩一歩進められている。「倫理」論文のこの部分は、草稿ではおそらく、本文と注との区別なく一挙に書き下ろされ、全体の構成を顧慮して、詳細な論証部分が注に送り込まれたにちがいない。ひとたび粒々辛苦の読解が達成されてみると、読者は必ずや、論旨の明晰さに爽快感さえ覚えられるであろう。

第六章　人間行為の意味形象＝規定根拠としての「宗教性」

――ヴェーバー「宗教社会学」の理論的枠組みと「二重予定説」の位置づけ

マックス・ヴェーバーは、一般に「宗教性 Religiosität」を、歴史・社会科学的にどう取り扱おうとしていたのであろうか。人間の行為／社会的行為における宗教要因をどのように取り上げ、その「特性把握」と「意味‐因果帰属」に必要な「類的理念型」群を、どのように（決疑論／カタログ風に）編成し、「道具箱」に取り揃えておいたのであろうか。そうしたヴェーバー「宗教社会学 Religionssoziologie」のおおよその骨格（「理論的枠組み」）を捉えて、そのなかに（「倫理」論文では歴史的与件として取り扱われている）「カルヴィニズムの宗教性」とりわけ「二重予定説」を位置づけるとどうなるであろうか。ここで、こうした問題について、「倫理」論文からは少し離れて、一般的に考えてみたい。一方では、「倫理」論文から「世界宗教の経済倫理」シリーズへと視野を広げ、他方では、「倫理」論文そのものを、「世界宗教」への視圏拡大と理論展開のなかで、いったん相対化して捉え返すために。

第一節　人間行為にかかわる「理解科学」とその基礎概念

ヴェーバーは、宗教の「本質」はなにか、とは問わない。その意味の「宗教理論」は、かれにはない。かれは、事物の動きや人間のやることなすこと（たとえば無意識の「まばたき」）を、すべて「行動 Verhalten」と称し、そのうち（たとえば「まばたき」にたいする「ウィンク」のように）「主観的に思われた意味 subjektiv gemeinter Sinn」をそなえた行動を（「忍従」や「不作為の作為」のように外面には動きとして顕れないものも含めて）「行為 Handeln」と呼ぶ。この「主観的に思われた意味」において他人（単数ないし複数）の行動に関連づけられている行為が、[1]「ゲマインシャフト行為 Gemeinschaftshandeln」ないしは「社会的行為 soziales Handeln」である。たとえば、ヴェーバー自身がもちだしている簡明な例では、ふたりの自転車乗りが、街角で出会い頭に「思いがけず」衝突して（ふたりの行動が物理的には関連づけられて）も、「社会的行為」ではない。ふたりが、事前に衝突を避けようとして空間的には離れ離れにハンドルをきる行為、あるいは衝突後に「言い争う」行為は、右記の定義からして明らかに「社会的行為」である。

そうした行動／行為／社会的行為を対象とする経験科学は、「自然科学」と同様、それらの経過と結果を（外から）「観察 beobachten」し、当の経過と結果がなぜ「かくなって、他ではないのか、他とならないのか」を「説明 erklären」しようとする（「観察」のみの「非理解科学」）。ところで、人間の行為／社会的行為を対象とする経験科学は、そうした「観察」に加えて、行為者によって（内から）「主観的に思われた意味」（ないしは、行為の「意味上の根拠」としての「動機 Motiv」）を、行為の因果的契機のひとつと見て、「解明 deuten」／「理解 verstehen」し、「ある行為者の行為が、他ではない経過をたどり、かかる結果に到達しているのはなぜかといえば、かくかくの『動機』にしたがったからだ」というふうに、「意味／動機の解明をとおして説明」することもできる（「観察」に加えて「解明」もできる「理解科学」）。それにたいして「自然現象」たとえば台風には、「動機」がないから、そのコース（台風の「行動」）を、この「理解科学」の方法を適用して「説明」し、予測することはできず、「観察」される外囲の気圧配置や地勢から、割り出す以外にはない。[2]

また（教科書的解説では見落とされがちなので、よく注意したいのであるが）、人間が、外界／内界の「対象」を（いわば第一次的素材として）加工してつくり出す、（「対象志向性」をそなえた）行為の結果としての、なんらかの（第二次的）対象（生産物／制作品／観念形象／イデオロギーなど）も、人間が（そうした行為そのものにおいては）「主観的に思い」、対象素材にいわば刻み込もうとし、（結果としてつくりだされた形象 Gebilde には）「外化」「客観化」されてある、当の「意味」に即して（そうした第二次的対象を「意味のある形象／意味形象 sinnhafte Gebilde」として）、行為そのものと同じく、その「意味」を「解明」／「理解」し、「なぜかくあって、他ではないか」を「説明」することができる。

たとえば、「カルヴィニスト」が、世俗内の職業生活において「禁欲的」に「行為」するのはなぜかといえば、個人として、そうすることによって「救済」（カルヴィニズムのばあいには、「神の予定」によって「神の道具」として自分が「選ばれていること」）の確信／確証（「救済財 Heilsgut」として経験され、行為者の準拠目標になると同時に、「理解科学」的「解明」「説明」の対象ともなる、ある志操状態）に到達し、生涯そうした「恩恵の地位」を堅持しようという「動機」にしたがっているからだ、と「説明」するばあいのように。あるいは、クェーカー教徒が、敬虔で規律ある「生き方」を採り、「正直は最良の商略」という「規範」「格率」にしたがって実直に経済「行為」にも携わるのはなぜかといえば、個人として（「被造物が沈黙するときにのみ神が語る」という自己制御のもとに）「内なる光／良心」に準拠して生きようとすることに加えて、（かれらが属している、いっそう包括的な）社会（「政治ゲマインシャフト」）のなかでは「少数派」をなし、（小規模な排他的「結社 Verein」としての）「ゼクテ」に結集し、「ゼクテ仲間」の相互監視・相互督励のなかで自己主張／自己維持しなければならないからだ、と「説明」するばあいのように。もとより、このような「説明」は、それぞれ多種多様な「カルヴィニスト」群や「クェーカー教徒」たち（「教会 Kirche」や「ゼクテ Sekte」といった「集合態 Gemeinschaft」ないし「社会形象 soziales Gebilde」をなして生きる多数の諸個人）の「平均」でも「最頻値」でもなく、それぞれの（かしこには多く、こちらには少ないといった）特徴を（類例比較をとおして）「類型論的」[3]に取り出し、「思考のうえで煮詰め、極限化して」えられる理念型的「説明」である。いずれにせよ、「宗教性」も、そういうふうに、たとえば「神」の観念や「救済財」が、それ自体としてはやはり、人間行為の結果としてつくり出され（「意味形象」）、いったんつくり出されると、翻ってこんどは人間「行為」の「動機」に織り込まれ、「行為」のありようをじっさいに規定する、そのかぎりで、そうした「行為の結果＝規定根拠」のひとつ（「原因⇅結果の互酬／循環構造の一契機」）として――その宗教的本質や（規範科学のひとつとしての）神学から見た本質的意義などのいかんはひとまず問わずに――、他の経済的、政治的、その他の「意味形象＝規定因」と同格に、問題として取り扱うことができる。

第二節　「宗教的行為」の成立／「呪術」と「（狭義の）宗教」との「類的理念型」的区別――ヴェーバー宗教社会学の理論的枠組み（一）

では、そうした観点から見ると、「宗教的行為 religiöses Handeln」とはいかなる行為（領域）なのか。そこでは、なにを概念標識として、「呪術（的行為）magisches Handeln」と（狭義の）「宗教（的行為）」とが、区別されるのか。

ヴェーバーによれば、人間の「原生的 urwüchsig（自然発生的で当必然的な）(4)」行為のうち、やがて「宗教的行為」へと発展していく側面は、周囲の事物や人間について、日常的なものと「非日常的 außeralltäglich」（たんに「異例」「異常」という「価値自由」な意味で「カリスマ的 charismatisch」）なものとを区別することから始まる。そのさい、カリスマ的行為は、たとえば、木を擦って火を起こすことも、雨乞い師の仕種が「雨を降らす」ことも、（自然科学的見地からは、前者は「客観的に整合合理的 richtig」、後者は「整合非合理的」として区別されるとしても）原生的には区別されず、経済をはじめとする日常的な行為圏内に編入され、日常的な必要をみたすのに利用される。別言すれば、「カリスマ的なもの」にかかわる原生的行為は、「現世利益」を求めて「主観的には（相対的に）目的合理的」な性格をそなえている。

そうした必要に応え、任意にカリスマを操作できる、持続的なカリスマの担い手が「呪術師 Magier, Zauberer」で、最古の「職業人」として、「俗人／素人 Laien」のなかから特化して現われる。[5] この「呪術師」の職業的実践と（その指導のもとにおける）集団的「法悦 Ekstase」すなわち「狂騒道 Orgie」の体験をとおして、カリスマ的な自然物（「呪物」）ないし自然人（「呪術師」）の背後には、（やがて「精霊」「霊魂」「神々」「デーモン」などと呼ばれ、さまざまに分化を遂げ、[6] 分業関係や序列をそなえた「万神殿 Pantheon」に編成されていく）「超自然的 übernatürlich ないし超感性的 übersinnlich」諸勢力が潜んでいて、カリスマ的な事物／人物に「一時的ないし一定期間持続的に宿っ」たり、「化身し」たりし、そのかぎりでそれらをまさにカリスマ的たらしめている、といった表象／観念（意味形象）が成立する。そのとき、同時に、そうした「超自然的」諸勢力と人間（界）との関係を「主観的に思われた意味のうえで」（カリスマがらみの禍福を人間に有利なように）ととのえ、秩序づけようとする行為として、広義の「宗教的行為」が成立する。やがて、そうした「超自然的」諸勢力のカリスマ的威力と抽象的独存性が徐々に高められ（て把捉されるようになり）、人間はもっぱら特別の「象徴 Symbol」をとおしてそれらに接近でき、それらに由来する禍を避け、恩恵をかちえられる、と考えられるようになる。

さて、そうした「超自然的」諸勢力が、広義の宗教的行為の結果、また（宗教的行為を媒介として、他領域の、たとえば経済的、政治的などの）世俗的行為（を原因とする作用）の結果、いかなる方向に展開をとげるか、「万神殿」の形成／発展／分化が、翻って宗教的行為に、さらには（宗教的行為を媒介として、経済的、政治的などの）世俗的行為にも、いかなる反作用をおよぼすか、——そうした「相互的な影響関係」「原因と結果との相互／互酬作用」「因果関係の両面」を分析し、東西諸文化圏（「中国文化圏」「インド文化圏」「中東文化圏」「西洋文化圏」など）の分化／発展を広く見渡しながら、分岐／旋回の（鍵になるとおぼしき）要所要所に的を絞って、そのつど鋭い対極型の「類的理念型 gattungsmäßige Idealtypen」を構成し、決疑論／カタログ風に整理／体系化して適用にそなえた「道具箱」が、『経済と社会』に収録された「宗教社会学」篇である。いま、その詳細(7)を再現するわけにはいかないが、基本的な「類的理念型」だけは、いく組か抜き出して、概説するとしよう。

まず、「超自然的」諸勢力と人間との関係（略して「神 - 人関係」）は、人間（呪術師）のほうが強くて、神々を呪縛／使役する「神強制 Gotteszwang」の関係と、逆に神々のほうが強く、人間（祭司／予言者／平信徒）はへりくだって、跪拝／供犠／礼拝／祈禱などをおこなう「神奉仕 Gottesdienst」の関係とに、対極的に（「類的理念型」として）二分されよう。前者が「呪術」、後者が（狭義の）「宗教」と定義される。「呪術」と区別される「宗教」の担い手が、まずは「祭司 Priester」

で、「団体形成にともなう定期的な祭祀（礼拝）経営を主宰し、常時祭祀への準備態勢をととのえている特定の人間群」と規定される。「呪術師」と「祭司」に（後述の）「予言者」を加えた三者が、「（広義の）宗教」領域におけるいわば能動的指導者層をなし、それぞれ周囲に「顧客」「帰依者」「使徒」などを集める。そのうち、「祭司」「予言者」と「帰依者」「使徒」その他広汎な「信奉者」との関係が、「制定された gesatzte」「準則 Maxime」「秩序 Ordnung」によって規律され、「帰依者」らが「平信徒」として多少とも能動的に宗教生活に関与するばあい、宗教領域に固有の――第一次的に宗教上の利害関心にもとづく――「ゲゼルシャフト」[8]結成態として、「教団 Gemeinde」が成立する。「祭司」「予言者」「平信徒」、三者の相互作用が、「（狭義の）宗教」発展のいわば社会的基盤である。

さて、「呪術」と「宗教」とは、右記のとおり概念上／（類的）理念型上は簡明に区別されるけれども、現実における「呪術」から「宗教」への移行（または反転‐退行）は、当然ながら、無限に多様で複雑である（まさにそうであればこそ、概念上は明晰に区別しておかなければならない）。また、「宗教」にかぎっても、「万神殿」において、一柱の神、それも人格をそなえた一神が、「首座」に上り[9]、他の神々やデーモンを追放／根絶し、普遍的な唯一神、しかも（「カルヴィニズムの予定説の神」のように）全知全能で、人間の「義」も「知」も届かず、一方的に人間の運命を予定している絶対神の地位に到達する、というような発展は、じつにさまざまな歴史的諸条件に制約され、そのうえ歴史的にはきわめて稀有な例外というべきものである。ヴェーバーは、たとえば「万神殿」

の構成といった個々の論点をとりあげるさい、いつも他（文化圏へ）の発展可能性に目を配り、決疑論の構成を忘れない。それだけに、取り上げられる論点も多岐にわたるうえ、決疑論的な議論も詳細をきわめている。ここでは、見通しがたいほど鬱蒼と繁った森のなかから、「カルヴィニズムの予定説の神」への発展という問題に焦点を合わせ、当の発展の理念型的定式化に必要なかぎりで、数本の木々を切り出してくるよりほかはない。そのうえ、生い茂った藪に踏み迷うことなく、当面の問題に直行する便法として、そのかぎりで、あたかも「宗教」発展が「カルヴィニズムの宗教性」をめざして進むかのように、それにはどの分岐点／旋回点で、いかなる問題がクリアされなければならなかったのか、というふうに、あえて「カルヴィニズム中心的」に叙述を組み立ててみることにしよう。(10)

第三節　「自然呪術」から「象徴呪術」への移行／「呪術の園」と「脱呪術化」
――ヴェーバー宗教社会学の理論的枠組み（二）

ここで、いったん「超自然的」諸勢力の成立に戻って、人間行為／社会的行為への反作用を問うとしよう。「呪術」といっても、原生的には、「直接的な力の行使 direkte Kraftwirkung」の最上級で、自然の圏域を越えない。ところが、「超自然的」諸勢力が成立すると、翻って呪術の意味と技法に反作用する。現実の事物の背後に、霊魂や神々といった「超自然的」勢力をもつ別の実体が存在していて、現実の経験的事物はそれらの「兆候 Symptom」にすぎないとなると、災厄を避け、安寧を確保するには、たんなる兆候ではなく背後の存在そのものに影響をおよぼさなければならないから、それらにも通じる、なにごとかを「意味する」手段、すなわち「象徴 Symbol」を用いなければならない。そこで、たとえば死者の霊魂や神々に満足を与えて平安をかちえるのに、お供えのパンや人形（埴輪）が登場する。こうして、現世の事物が、現実の経験的属性と作用のうえに、象徴的な「意味性 Bedeutsamkeit」を帯びるようになり、「呪術」も「象徴操作（の術）Symbolik」に推転を遂げる。そうなると、自然の圏域内では、現実にカリスマ的な事物や人間はごくかぎられているのに、象徴的「意味」であればどんなものにも、いかようにも付与されるから、「象徴操作の職業的精通者（呪術師に加えて祭司など）」の勢力が強固となるにつれて、現世のあらゆる事物が、象徴呪術の圏域に引き込まれ、現世がいわば「呪術の園 Zaubergarten」とも化する。

ところで、すでに自然呪術においても、ある仕種がひとたび効験ありと認められると、その形式が、厳格にまもられ、反復／墨守されるのがつねである。いまや、これと同じことが、象徴呪術の全領域にわたって繰り広げられる。効験ありとされた形式からわずかでも逸脱すれば、その効果を無にしかねない。このようにして、「超自然的」諸勢力の成立と、象徴呪術への移行は、翻って、「超自然的」諸勢力の保護下にあるとされる習慣を「ステロ化」「儀礼的に伝統化」する方向に作用する。そうした慣習／伝統を変えること、すなわち「タブー」を侵すことは、精霊や神々の利害に抵触し、その怒り、したがって災厄をまねきかねない。「変革」にたいする自然の不安と恐れに、「(広義の)宗教」がさらに、「超自然的」諸勢力による威嚇という重圧を加える。

この事態は、かの原生的な「(相対的)目的合理性」が、むしろ後退することをも意味しうる。「俗人」は、自然の日常的な目的行為の圏内では、現実にカリスマ的な事物/人間の経験的な効能を、手段として評価し、ばあいによっては取捨選択していた。ところが、ここでは、そうした「目的合理的」な態度が放棄され、「象徴操作の職業的精通者」によるわけの分からない象徴操作に跪拝し、翻弄されることにもなる。[11] 他方、象徴呪術の体系化と習慣の「ステロ化」は、それはそれで、「タブー規範」を準則とする諸行為の反復性したがって予測可能性をそれだけ高めることにもなる(「呪術の合理化」「呪術的な(相対的)合理性」)。

「脱呪術化 Entzauberung」とは、ひとまず、こうした状態が乗り越えられて、人々が「超自然的」諸勢力への畏怖と、その保護下にある慣習/伝統への囚われから解放されること、といえよう。しかし、それには、当初には混沌たる「万神殿」のなかから、一柱の人格神(あるいは、神々の背後にあって神々を統べ括る非人格的な究極存在=神的秩序兼勢力)が抜きん出てきて、他の「超自然的」諸勢力を追放し根絶する「普遍的唯一神教」への道が、たどられなければならない。[12]

第四節　「宗教」への移行／原生的「目的合理性」と「呪術の園」との残存――ヴェーバー宗教社会学の理論的枠組み（三）

さて、「呪術」から（狭義の）「宗教」への移行がなされたとしても、「神奉仕」の動機は、さしあたり「呪術」と変わりはない。つまり、「現世利益」を求める原生的な「目的合理性」はそのまま「宗教的行為」にも引き継がれる。「神‐人関係」は、「与えられるために与える do ut des (I give so that you may give)」という準則の域を越えない。「神」から「利益」を引き出す手段が、荒々しい（あるいは、順次「儀礼」の形式をととのえて「聖礼典／サクラメント」に洗練されていく）「神強制」から、さしあたり恭しい「神奉仕」に替わるにすぎない。したがって、「宗教性」はまだ、「現世利益」に従属している。「現世利益に抗っても」という「固有価値性」「固有法則性」は帯びてこない。宗教性が、そうした固有価値に準拠して、なにほどか価値硬直的（「価値合理的」）に一貫した「生き方 Lebensführung」の基礎をなし、世俗的行為にも反作用をおよぼすには、なお数多の旋回点で、いくえにも問題がクリアされなければならない。

もしも、呪術師のサーヴィスから（あるいは祭司の礼拝にたいする「神」の見返りとして）期待される「現世利益」が手に入らないばあい、そうした不如意がつづくと、呪術師の顧客は、当の呪術師の「カリスマ」は失われたと見て、他の呪術師のもとに赴くであろう（呪術カリスマよりも「現世利益」のほうが優勢な「目的合理的選択」）。祭司は、不如意状態を「神」の不興に責任転嫁し、

「供犠」その他、「神奉仕」をいっそう強化することで「危機」を乗り切ろうとくわだてることができる。しかし、そうしても効験が現われないと、「神」の「カリスマ」も失われたとみなされ、帰依者たちは、当の「神」と祭司を見捨てて、他のいっそう有力そうな「神」の祭司にすり寄るであろう。ただ、祭司が、「予言者」との対抗的協働のもとに、「神」の不興の理由を、「平信徒」が「神を正しく（たとえば「唯一のまことの神」として）敬わず、神が欲する『（敬虔な）生き方』を採らない（たとえば「他の邪神ども」に媚を売る）から、神は、本来は愛する民の不実に、まさにそれゆえ嫉妬／激怒し、それだけ厳しい罰をくだしている」というふうに解釈／説明／説得できて、かえって「平信徒」に「（敬虔な）生き方」への変更を迫る、という（いわば「反転説諭」の）可能性は残されている。

「予言者 Prophet」とは、「使命として（無報酬で）神の命令ないし宗教上の教説を告知する純個人的な（団体形成に依存しない）カリスマの担い手」と定義される。「平信徒」にたいして、「祭司」は、日常的な「司牧 Seelsorge（魂のみとり）」による「教化」をはかり、教理問答風の決疑論的思考を展開する（その所産が、たとえば古代ユダヤ教からキリスト教に継受された「簡潔な倫理カタログ」としての「十戒」）。それにたいして「予言者」は、非日常的な「危機」のさいに「平信徒」のなかから現われ、「祭司」（とくにその儀礼主義／伝統主義）と対決しつつ、直接「神の言葉（ないし教説）」を「預かり」、その意味解釈を携えて「平信徒」や大衆のなかに立ち現われ、不如意状態／危機の意味その他、「神意」を告知し、「説教 Predigt」する。予言者はしばしば、もっぱら宗教的動機にしたがって大衆にも対峙／対決し、「意図せざる結果」として「デマゴーグ」として振る舞い、政治的影響力を取得することもある。「予言」の二対極として、（アモスからイザヤをへてエレミヤにいたる旧約の「記述予言者」／イエス／ムハンマドのように）神の命令を「面と向かって」聴衆に説く「使命（倫理）予言」（中東型）と、救済への道を「みずからの範例をもって示す」だけで、弟子には「背後から自発的に範例に倣うように仕向ける」（仏陀を代表例とする）「垂範予言」（インド型）とがある。

さて、「神」が（「家の神」「氏族の神」「地域の神」「（出産、農業といった生活）機能神」などの諸類型のうち、家や氏族の範囲をこえる）「政治団体の神」として祀られるばあい、当の政治団体の戦勝は、その神の威信上昇、敗戦は威信失墜をもたらす。神の威信は、通例は、地上におけるその担い手の勢力に比例する。したがって、征服によって「帝国」が形成されると、征服された諸国の「団体神」は、帝国の神を「首座」とする「万神殿」に編入され、下位の神々ないしデーモンとして位置づけられる。理論上は、そうした首座神が、他の神々を追放できれば、「一神教」が成立することになるが、[13] 現実にはなかなかそうはいかない。「祭司」（や、ばあいによっては秩序維持を任とする行政祭官／行政官や、稀には祭司／祭官と対抗する王）[14]の思弁から、理論上（秩序や規則性を司る）「星辰の神」「太陽神」「天則」「天道」の（神学的）意義が高まって、「万神殿」では首座に上ることもある。ところが、局地的で身近な呪術や祭祀への「俗人」大衆／呪術師／祭司の卑近な利害に加えて、（大衆の野放図な反抗／叛乱をおそれて、呪術や宗教による「大衆馴致 Massendomestikation」を求めて止まない）支配者／行政官僚の政治的利害関心からは、局地的な諸霊や神々との「do ut des 関係」が維持／温存され、「俗人」大衆の間では、こちらのほうが重要視される。別言すれば、ある宗教のいわば教理上の「上部構造」がいかに（理論上は「合理的」に）構築され、「達人宗教性 Virtuosenreligiosität」がどのように編制されようとも（これはこれで、重要な問題ではあるが）、「下部構造」の「大衆宗教性 Massenreligiosität」には、「現世利益」を求める原生的な「目的合理性」と、「象徴呪術」による儀礼的「ステロ」化とが、頑強に生き残り、前者（「現世利益」への利害関心とこれにもとづく「目的合理性」）のかぎりでは、「呪術の園」は突破／破砕されうべくもない。

第五節　古代パレスチナにおける普遍的唯一神教の成立——ヴェーバー宗教社会学の理論的枠組み（四）

では、その突破は、いかにして起きるのか。神観の人格化という発展方向にかぎってみると、中東の「治水耕作」[15]地域では、大河からの灌漑によって無の砂漠に人間の世界を「創り出す」地上の大王——しかも、激怒して冷酷な仕打ちに出るかと思うと、機嫌がよければ温情も吐露し、ときに涙もろくさえある、両面をそなえた「家産制 Patrimonialismus」[16]的専制君主——に象って、「無から世界を創造する人格神」の表象が生まれ、そうした神が同時に、世界秩序の創造者・守護者として、（他の「法秩序を司る機能神」と同じく）法や醇風美俗の規範侵害を罰する「倫理神」の性格を帯びることもある。しかし、そうした大帝国の神が「万神殿」で「首座」に上るまでは通則であっても、「家産制的」支配者として大版図を統治しなければならない大王の「大衆馴致」への政治的利害関心からしても、大衆的な神々やデーモンを追放／根絶し、「普遍的唯一神教」に到達するにはいたらない。いいかえれば、「普遍的唯一神観」は、「治水耕作」と家産制的権力集中の「イデオロギー的反映」ではない。

そうした見地からは逆説的にも、歴史上最初の普遍的唯一神「ヤハウェ」は、むしろ（ナイル河流域とティグリス・ユーフラテス河畔との）大帝国の狭間（「間道」）にあって、交互に侵略／蹂躙され、国際政治に翻弄された、古代パレスチナの地に出現した。古くから「バール諸神」と並んで崇拝されていた（隣接諸大国の神々に比して「原始的」で弱小な）神「ヤハウェ」が、大帝国の侵攻と「捕囚」にいたる民族滅亡の危機と苦難のさなかで、（通則どおり、他のいっそう強力な神々に取り替えられるのではなく）かえって「普遍的唯一神」の方向に「一頭地を抜きん出た」のである。それはひとえに、「かつて『紅海の奇蹟』を演じて自分たちをエジプトの軛から救い出してくれたヤハウェが、いまはなぜ、他国／異教徒の大王による侵略を許しているのか」という「苦難の意味」「神の義」を問い求める「平信徒」や大衆に、イザヤ、エレミヤらの予言者が立って、ヤハウェの不興を、ほかならぬ民（とりわけ政治指導者）の「咎」「罪」に帰し、大国の侵略をヤハウェによる「懲罰の笞」と解し、したがってヤハウェを（大帝国の王たちをも「笞」として自在に操る）天上の支配者／強大な世界神に押し上げたからである。予言者は、政治的危機に瀕して激昂した大衆に、しばしば憤怒を浴びせられながらも、「流れに抗して生き」、一見有力な「バール諸神」「異国の神々」を捨て、ヤハウェを「唯一のまことの神」とし、政治的悲運もヤハウェの意思として受け入れ、（レビびと祭司の説く、ヤハウェの命令としての）「十戒」を遵守して耐え抜くように、と説き勧め、「反転説論」に成功した。

ということは、ここに初めて、「禍の神義論 Theodizee des Unheils」「苦難の神義論 Theodizee des Leidens」が出現したことを意味する。それまで「神義論」といえば、「富」「権力」「威信」といった「諸財 Güter（この世のよきもの）」に恵まれた「特権層 positiv privilegierte Schicht」の（他者に比して自分が恵まれているという事実に加えて、その権利をもえたいという）「自己義認」「自己正当化」の要求に仕え、祭司によって構成される「幸福の神義論 Theodizee des Glückes」ばかりで、病気／貧困／死／敗戦／滅亡などの不幸／苦難は、神々の不興の印として忌避され、公の場からしりぞけられ、いずれにせよ積極的に意味づけられることはなかった。ところが、古代ユダヤ教の予言者は、民族の（という「種族的 ethnisch」制約のもとにはあるが）政治的苦難そのものをヤハウェの「義」として受け入れ、その命令をまもりながら堅忍する「志操 Gesinnung」そのものを「固有価値 Eigenwert」にたかめ、またもとより、やがてはヤハウェが当の志操を「嘉納」して「懲罰」から「祝福」に転ずる希望のよすがとして、苦難に耐え抜くべきことを力説して止まなかった。ということは、そうした「固有価値」に意識的に準拠し、固執する（その意味で「価値硬直的」「価値合理的」な）「倫理的宗教性 ethische Religiosität」が、（外形上の戒律遵守／「戒律宗教性 Gesetzesreligiosität」としてではなく、その域を越える）「志操宗教性 Gesinnungs-religiosität」として形成されたことを意味する。それによって初めて、原生的な「目的合理性」が凌駕され、およそ宗教性が「固有法則性」を取得し、（このばあいには、「堅忍による救済待望」で、まだ「禁欲」ではないが）統一的な「生き方」の基礎となりえたのである。こうした画期的かつ普遍的な「文化意義」に着目して、ヴェーバーの「世界宗教の経済倫理」シリーズの第三作は、「古代ユダヤ教」に捧げられている。

第六節　捕囚前予言の集団的神義論――宗教性における「合理化」の契機としての「神義論問題」

さて、捕囚前予言者の神観について、ここではつぎの二点に注目しておかなければならない。ひとつは、イザヤが、予言にたいする民の度重なる無視／軽視に直面して、「ヤハウェは、民を滅ぼすために、故意に頑迷にしている」との思想を抱いた事実である。主はいわれる、「この民の心をかたくなにし、耳を鈍くし、目を暗くせよ。目で見ることなく、耳で聞くことなく、その心で理解することなく、悔い改めていやされることのないために」（『イザヤ書』六章一〇節）。この思想は、新約聖書にも引き継がれる。「神はご自分が憐れみたいと思う者を憐れみ、かたくなにしたいと思う者をかたくなにされる」（『ローマの信徒への手紙』九章一八節）。

この契機を、人間の知と義を超越した神の絶対的主権とむすびつけると、「二重予定説」になる。ここで念のため、（カルヴィニズムの）『ウェストミンスター信仰告白』（一六四七）から、「二重予定説」の骨子を引用し、確認しておこう。[17]

「神の聖定によって、神の栄光が現われるために、ある人間たちとみ使たちが永遠の命に予定され、他の者たちは永遠の死にあらかじめ定められている」（三章三節）。「人類の中で命に予定されている者たちは、神が、世の基の置かれる前から、永遠不変の目的とみ旨のひそかな計画と満足に従って、キリストにおいて永遠の栄光に選ばれたのであって、それは、自由な恵みと愛とだけから、被造物の中にある信仰・よきわざ・そのどちらかの堅忍・またはその他の何事をでも、その条件やそれに促す原因として予見することなく、すべてその栄光ある恵みの賛美に至らせるために、選ばれたのである」（三章五節）。そうした「選民」以外の「人類の残りの者は、神が、み心のままにあわれみを広げも控えもなさるご自身のみ旨のはかり知れない計画に従い、その被造物に対する主権的み力の栄光のために、見過ごし、神の栄光ある正義を賛美されるために、彼らを恥辱とその罪に対する怒りとに定めることをよしとされた」（三章七節）。「正しい審判者としての神が、今日までの罪のゆえに盲目にし、かたくなにされたところの悪い不敬虔な人々について言えば、彼らの理解を明らかにし、彼らの心に働いていたはずの神の恵みを、彼らに賜らぬばかりか、時には、すでに持っている賜物さえも取りあげ、彼らの腐敗によって罪の機会となるような対象に彼らをさらされる。その上、彼らを自分自身の肉の欲、世の誘惑、サタンの力のなすに任され、それによって、神が他の者らの心を和らげるために用いられる手段によってさえも、彼らは、みずからをかたくなにすることさえ起こってくる」(六章六節)。

第二に、捕囚前の予言者は、もっぱら(当時の国際環境における)民族の政治的苦難の意味を問い、民族全体の救済を、(民の敬虔に応えるヤハウェの回心による)現世の世界秩序の転覆(と、これにともなう民族の栄誉ある地位の回復)に求めた。かれらは、この意味における集団的神義論の担い手であった。民の父祖たちが、「誓約仲間関係 Eidgenossenschaft」を結成し、一体となってヤハウェと双務的な「ベリース(契約)」を締結したからには、民は、自分たちだれかの「罪」(「ベリース」違反)にも、つぎには(自分たちが悔い改めても苦難が去らないばあいには)父祖たちの犯した「罪」にさえ、連帯して責任を負わなければならず、さらに(それでも苦難が去らなければ)上辺だけの律法遵守ではヤハウェの怒りは解けず、どんなことがあってもヤハウェを信頼し抜くまでに志操を深めなければならない、と解されたのである。こうして、苦難がつづき、つのればつのるほど、それだけヤハウェ崇拝の「志操宗教性」がかえって強められていった。

ところで、「神義論問題」は他面、「理 ratio」にリンクされており、いったん提起されるや、「理」にかなう解答を求め、つぎつぎに(先行解答の)矛盾や限界が暴露され、納得がいく解答がえられるまで問答/探究が止まない、という性質をそなえている。そのため、宗教性の領域では、この「神義論問題」を軸に、「神 - 人関係」「神観」が「合理化 rationalisieren」されることになる。自分たちの属する「集団」単位に、「功績（負の功績としての罪）と運命との齟齬」が「矛盾」と感得され、これについて「神の義」が問われるとなれば、個々人についても、同じ問題が提起され、集団的神義論の限界が暴露されざるをえない。古代パレスチナの地でも、個々人の運命について個別に「神の義」を問う「神義論問題」そのものは、ずっと以前から提起されてはいたであろう。しかしそれは、政治的激動による民族の苦難の渦中では、いわば背景に追いやられ、前面に出てはこなかった。

第七節　捕囚における民族的アイデンティティ問題と個人的神義論要請――「第二イザヤ」と『ヨブ記』

ところが、アッシリアの侵略により、北イスラエル王国は滅び、ヤハウェ信徒は「根こぎ」にされ、侵略者の地へと連行されて（紀元前七二二）、大部分、宗教的・民族的アイデンティティを喪失していった。そのあと、南ユダの（主だった）民も、バビロンに「捕囚」（紀元前五九八、五八七）され、（故国を追われ、異境への移住を強制される屈辱のもとにではあれ）平和が回復されると、雰囲気が変わってくる。一方では、ヤハウェ信徒としてのアイデンティティを、同じ悲運に見舞われた北捕囚民のようには失わずに、堅持するにはどうすればよいか、との問題が提起され、他方では、捕囚民に比して残留民の不敬虔が目立ち始め、さらに捕囚民のなかでも、貧富の懸隔が生じて、富裕層の弛緩と驕りにたいする貧困層のルサンチマンが芽生えてくる。こうした状況で、半予言者エゼキエルと祭司たちは、アイデンティティ問題に応答し、他民族・異教徒にたいする儀礼上の障壁(割礼、安息日、婚姻規制など)を高め、疎隔を強め、ユダヤ教徒が(周囲にはカースト秩序のない環境のもとで、みずから)「パーリア民 Pariavolk」[18]になるという方向に軌道を敷き、捕囚前予言の巨大な影響力をこの軌道上に引き入れ、凝縮させていった。[19]

それと同時に、個別的な儀礼/戒律遵守における個人ごとの差異が、それだけ顕著な意義を帯びてくるので、敬虔な平信徒のなかからは、いまや「なん代にもわたる父祖の咎や、不敬虔な残留民や富裕層の罪のために、なぜ、自分たちもひとしなみに罰せられ、苦しまなければならないのか」と、個別に「功績と運命との齟齬」を問い、これについて「神の義」を求める声が、日増しに高まってくる。もはや、「連帯責任」の思想を維持することは、むずかしくなった。こうした個別化の――民族の解体に通じる――傾向に抗して、いまいちど集団的な「神義論」を再興し、民族の苦難そのものを改めて意味づけ、栄光化しようとしたのが、「第二イザヤ」の予言ではなかったろうか。つまり、この匿名の予言者は、いまや「捕囚」の淵に沈む弱小の「パーリア民」という自民族の現実の国際的/社会的地位に照応して、こんどは諸国民を力で支配する「強大な天上の王」ではなく、「普遍的な救済者」として「諸国民の魂を支配する」「主のしもべ」という意味形象に到達する。すなわち、「主のしもべ」は、異民族・諸国民の「罪」をも「身がわり」として担い、「普遍的唯一神」の怒りを一身に引き受け、「罪なくして罪人として罰せられる」ことによって神を宥め、当の神の（異民族・諸国民を含む全世界におよぶ）普遍的な祝福への道を開くのである。この予言は、現存世界秩序の価値を前提とする上下‐支配関係の転換ではなく、当の価値前提そのものを転覆する「醜さ／虚しさの神義論」ともいうべきものであった。[20]

そして、エゼキエルと祭司たちの敷いた軌道の上で儀礼主義化を強め、（それだけ個々の煩瑣な儀礼上の功業や些細な伝承解釈を誇る）パリサイ主義に傾いていくユダヤ教の内部で、そうした祭司経営とパリサイ主義にラディカルに抵抗して殺されたのが、癒しの呪術カリスマもそなえた予言者、ナザレのイエスであった。そのイエスを、「第二イザヤ」の「主のしもべ」、したがって旧約予言の半ば成就／半ば廃棄と解することによって、一方ではユダヤ教の救済待望を「パーリア民」的地位への緊縛から解き放ち、他方では（「日常道徳の簡潔な綱要」としての）「十戒」は継承して「教団」を結成し、異邦人伝道／世界宣教に乗り出し、救い主イエスを擁するユダヤ教内の一異端運動に「世界宗教」への道を開いたのが、（この運動の取り締まりにダマスコに向かう途上でイエスの霊に打たれた）パウロであった、ということになろう。ただし、本稿はもとより、そうした（ヴェーバーが予定しながら早逝して手を染められなかった『原始キリスト教』の）歴史的諸問題に、立ち入ろうとするものではない。——

第八節　「二重予定説」の前奏としての『ヨブ記』

　むしろここで問題とすべきは、「捕囚下の平和」とともに前面に出てきた個人的「神義論」問題を受け止め、紀元前五世紀ころに書かれ、旧約正典に取り入れられた『ヨブ記』とその位置づけにある。周知のとおり、敬虔で富裕な義人ヨブは、神とサタンとのはからいによって財産と家族をことごとく奪われても、「神が与え、神が取られた」と敬虔な志操・信仰を捨てない。ところが、皮膚病によって生命も脅かされ、打ちつづく苦難が極限に達すると、見舞いにくる友人たちの慰撫と勧告（傍観者の「神義論」）はしりぞけ、わが身にふりかかった「功績と運命の齟齬」について、当事者として直接、神に問いかける。これに神が、旋風のなかから答え、ヨブの関知しない天地創造の業と経略を披瀝し、ヨブはその「人間の義と知を超越した神」のまえにひれ伏す。神は、友人たちを罰し、「とりなし」をするヨブには、健康、家族、財産を倍加して――（来世でなく）現世で、しかも現世の財をもって――報いる。つまり『ヨブ記』では、「神義論問題」に、「人間の義と知をもってしては解きえない神の絶対的主権」という断念即解決が与えられる。ヨブは、「（人間の見地からは）非合理なるがゆえにわれ信ず」という信仰の境地に達して、かえって現世で報われる。そうした一種の「知恵」が、深刻な形で、語り出されている。

　さて、（ルター派とドイツ敬虔派が『ベン・シラの知恵』を愛好したのにたいして、外典を聖書とは認めなかった）カルヴィニスト／ピューリタンは、それだけ正典のなかでは『ヨブ記』を愛読し、影響を受けた。[21] ここで、まえもって『ヨブ記』にかんするヴェーバーの位置づけを見ておこう。

「ユダヤ的宗教性は、すぐれて応報（報復）宗教性 Vergeltungsreligiosität となった。神に命じられた徳行がなされるのは、応報の希望ゆえである。そしてそれは、なによりもまず集団的な応報への希望であって、まず民族全体が昂揚を体験すべきであり、それによって初めて個々人も、各々の栄誉を回復できるのである。もとより、こうした集団の神義論と並行して、それと交じり合いながら、個々人の運命にかかわる個別的な神義論 die individuelle Theodizee des persönlichen Einzelschicksals も——もちろんずっと以前から——展開されている。そうした展開は、とりわけ、大衆とはまったく別の社会層に由来するヨブ記に表明されているが、そこに見られる問題解決の断念と、被造物を越えた神の絶対的主権への適従は、ピューリタン的な予定思想の前奏をなしている。そこに、神による地獄の劫罰〔神が『かたくなな民』を地獄に落として永遠に罰する〕というパトスが加われば、〔二重〕予定説は成立していたにちがいなかろう。しかし現実には、それは成立しなかったし、周知のとおり、ヨブ記は結果として、作者が意図したとおりに理解されることも、ほとんどなかった。それほどまでに、ユダヤ的宗教性には、集団的な応報の思想が、確固として根をおろしていたのである。[22]」

なるほど、図式的に要約すれば、『ヨブ記』のこの神観に、一方では、集団的に希求される「応報」が（片や世界秩序転覆の遅延、片やペルシャ思想の影響のもとに）現世（此岸）でなく来世（彼岸）に、しかも民族全体でなく個々の霊魂の運命に転じられ、「天国と地獄」にカテゴライズされたうえに、他方では、家産制的「専制君主」に象って構成された中東の人格神観に固有のかの二面性（冷酷と温情／「非情な裁き主」と「慈愛にみちた天の父」）のうち、冷酷と非情のほうに、イザヤとパウロに明言されている「意図的な頑迷化と地獄における劫罰」のパトスが付け加えられれば、「二重予定説」が成立することになろう。[23] そのばあい、そうしたパトスの源泉を、E・フロムのように、前期的大商人の圧迫を受けて没落に瀕した下層中産階級のルサンチマン（という心理的／非合理的要因）に帰すことも、あるいは可能かもしれない。その示唆／方針にしたがえば、『ウェストミンスター信仰告白』から引用した右記信条の行間からは、現世で「罪業」に耽りながら繁栄している「仇」への復讐願望が、「抑圧」され「昇華」された形で、（やがて自分たち「選ばれた民」が入るべき）「天国」との（絶対神ゆえ絶対的な）コントラストをなす「地獄の劫罰」画像に投影され、代償的／過補償的に充足されるさまが、（告白者自身に主観的には意識されない）「意味連関」として読み取られることになろう。

確かに、大衆宗教性としてのカルヴィニズムにおいて、「長老」や司牧者たちが、宗派的利害関心から、大衆のそうしたルサンチマンを、宗派的宣教の梃子として利用しようとすることも、あったにはちがいない。[24] とはいえ、「二重予定説」の成立そのものを、そうした非合理的契機から説明しようとするのは、いささか無理ではないか。

第九節　二重予定説の成立とその特性——神義論問題の首尾一貫した一「解決」

むしろ、「二重予定説」は、かの「神義論問題」が、宗教改革の渦中で、改めて鋭く問われ、神学論争に発展し、これが到達した帰結（「神義論問題」の首尾一貫した「解決」のひとつ）[25]と見られよう。すなわち、「普遍的唯一神」の威信が（「非情な裁き主」と「慈悲深い天の父」との二面性を保持したまま）現世を支配する「全知全能の神」にまで高められると、その現世で「功績と運命とが齟齬をきたす」ばかりか、（「神の慈悲」によってもいかんともなしがたい、つまり神の力の限界を示すかにみえる）かたくなな「罪人」／「罪」の存在そのものも、地上における「アンシュタルト恩恵」[26]の管理者であるローマ・カトリック教会がそうした「罪」にまみれている実態も、それだけ「矛盾」と感得され、現世を完全な世界として創造し、支配しうる、したがってその責任もある「全知全能の神」と、その「被造物」＝現世のこの不完全とは、いったいどう調停されるのか、どこに「神の義」はあるのかと、それだけ尖鋭に問われざるをえなくなる。

「二重予定説」とは、この問題をめぐる神学論争のはてに、神を中心として論理上首尾一貫し、「神の慈悲」を犠牲にして「神の義」を「人知を越える」方向に押し上げ、（『ヨブ記』と同様）断念即解決に到達した帰結といえよう。当の「問題そのものが、人間の義と知では解決できない」、「むしろ、解決しようと挑みかかること自体、被造物である人間が、自分たちの義を楯にとって造物主を裁く、主客転倒であり、神への冒瀆である」、「かたくなな罪人は、神の無力の証左ではなく、神が理由あって意図し決断した結果にほかならず、人間にはいかんせん神の自由な決断を覆せない(善行/懺悔/サクラメントによって覆せるとすれば「神強制」「呪術」に戻る)ばかりか、その理由も分からず、詮索することさえできない」と悟り、腹を決めて「神の測るべからざる専断」を信ずるほかはない、というのである。

ヴェーバーは、「倫理」論文第二章第一節の第二段落で、『ウェストミンスター信仰告白』の関連箇所を引用したあと、第三段落でこの教理の成立事情にも触れ、『経済と社会』の「宗教社会学」篇では、(「普遍的唯一神観」をユダヤ教から引き継いだ)イスラムの予定説も射程に入れ、類例として比較し、再説している。

かれによれば、たとえばペラギウスのように、激情に捕らわれず、厳格に慣習倫理をまもれる人は、自分のわざで十分「救済」にいたれると信ずることができた。それにたいして、たとえばアウグスチヌス/ムハンマド/ルターのように、過大な激情を自力では制御できず、自分の外あるいは上からはたらく圧倒的な力によって掬い取られる以外には自分の救いはない、と感得した祈禱者群像は、「予定」信仰に傾いている。ルターも、罪責との悶々たる苦闘のさなかに、突如として気分が晴れ、かれの宗教的天分が最高潮に達した時期には、自分が「恩恵の地位」に到達できたのも、もっぱら神の「測るべからざる専断」によると信ずることができた。[27] かれも、「荘厳なる神のご意志は、意図的にある者を取り残し、責めて、滅びに至らしめられる」と認めはする。しかしかれは、そのうえで、「[造物主としての神が]なにゆえにこのようなことをなさるのかを問うことは、私たち[被造物」のなすべきことではない」とし、「いつも顛倒していて、必要なことを捨てておきながら、常にこの秘密の意志にいどみかかり、試みようとしている人間の無鉄砲さは、呼びもどし、引きとめられなければならない」と戒め、「荘厳さのうちに隠されていたもう神」はただ畏怖するに止め、もっぱら「み言葉によって装われ宣べ伝えられているかぎりでの神」「受肉せる神」「十字架につけられたイエス」に専念すべきであると説いた。[28] つまりルターは、形式上は「二重予定」思想を捨ててはいないけれども、実践上は、現世に適応して「責任ある教会政治家」となるにつれ、(司牧と教会の努力を無意味にしかねないという意味で危険な)「二重予定」の教理は背景に潜め、代わっては司牧の梃子として「喪失可能な恩恵」、別言すれば「悔い改めによって獲得可能な恩恵」という教義を前面に立てて、(罪―懺悔―恩恵―(再度の)罪―懺悔―恩恵―……という)「人間的」な周期波動の軌道に傾いていった。

ところが、(自分の使命を、個人として非の打ちどころがないことにではなく、現世の状況と神意によって決定されていると確信し、合理的で宗教的な権力衝動に駆られた) カルヴァンは、ルターとは正反対に、教理上の論争を重ね、神学的思弁を深めるにつれ (『キリスト教綱要』第三版以降の改訂のつど)、「二重予定説」を徹底させ、強調するようになった。世界を創造した神の全知全能と、その世界の不完全という矛盾を、神の過失として、神の全知全能を制限する方向に傾くのではなく、[29] あくまで神の全知全能を信じ抜く方向で解決しようとすれば、世界の不完全をも、神意によるものとして甘受し、被造物たる人間の義の規準では裁けない神の聖定として、従順にしたがう以外にはない。なるほど、根源的な悪の力の創造とか、罪の存在の容認とか、神がみずから創った有限な被造物に、その有限な罪ゆえに永遠／無限の刑罰を課するといった（人間の義の規準からすれば明白に不公正な）措置とかは、およそ神の愛に相応しいことではない。しかし、それにもかかわらず、神の全知全能に固執し、論理上首尾一貫しようとすれば、そうした神の愛／慈悲のほうは犠牲にして、全知全能を救い出す断念即解決にいたりつくよりほかはないというわけである。

第一〇節　二重予定説の作用——恩恵の予兆としての救済財「救済の確かさ／確証」

では、そのようにして（論争／思索といった行為の結果として）成立した意味形象「二重予定説」は、翻っていかなる（反）作用を発揮するのか。ある人が、自分は神に選ばれた少数の「選民」、いわば「救済貴族」に属すると確信することができれば、「予定」思想はかれに、最高度の「救済の確かさ certitudo salutis」を保証するにちがいない。ところが、宗教的達人に生まれついてはいない個々の生身の人間は、自分が選ばれているかどうかについて、まったく不確かな（永遠の生死の未決拘留）状態に耐えつづけることはできない。どうしてもなんらかの徴候——来世で「天国」に入れるという「予定」の、現世における予兆——を求めざるをえない。ところで、神は、神意に適う行為とはなにかにかんして、なにほどかは実定的な命令を啓示している。アブラハムからヨブにいたる敬虔な族長は、その実例である。そこでかれらに倣い、神の「道具」として神意の執行に協働できる能力が身につき、最大限に発揮され、確証されることこそ、「来世における永遠の救い」の現世における予兆／徴候／（「現実根拠 Realgrund」ではなくて）「認識根拠 Erkenntnisgrund」と解され、決定的に重視されることになる。

しかも、そうした恩恵は、永遠に与えられているか、永遠に拒まれているか、どちらかしかない。そこで、その確証も、持続的また方法的に獲得されつづけなければならない。なるほど、救済に予定されている者も、すべての罪人と同じく被造物であるかぎり、個々の過失は免れない。しかし、そうした個々の行為ではなく（したがって、そうした過失による減点を、善行の加点によって埋め合わせ、「差引残高」を増やすことではなく）、むしろ神意に適う行為が、秘かな恩恵の関係によって設定された、神への本来の内面的関係から派生してくると察知すること、その意味で「人格全体」の核心にある恒常的な性質こそが、恩恵即救済の確証とみなされる。それゆえ、予定信仰は、論理上は（「絶対に予定されてしまっているのなら、もはやいかんともなしがたい」と観念して）「宿命論」に帰着するようにも見えるが、首尾一貫した帰依者のもとでは、実践上は、神意に適う行為への、あるいはそうした行為の源泉となる中心的／統一的志操とこれにもとづく「生き方」の集中化／組織化／持続化への、およそ考えられるかぎり最強の動機づけとして作用した。

第一一節　イスラムの予定信仰との異同——戦士の非日常的豪胆と、市民の日常的禁欲

ところで、古代ユダヤ教における「普遍的唯一神観」の成立から、『ヨブ記』を経て、宗教改革における「神義論問題」の再燃により、「二重予定説」が神学論争の帰結として導かれたとすれば、古代ユダヤ教から同じく「普遍的超越的人格神観」を継承し、「唯一のまことの神・アッラー」を崇拝したイスラム教においてはどうであったか、と問われよう。

ムスリムの最初の数世代は、信仰戦争によって世界を征服すべしとの宗教的命令にしたがう信仰戦士であった。かれらに見られた戦場における豪胆/臆することのない自己放棄は、なるほどイスラムの「予定信仰」から生まれたものといえよう。しかし、その「予定」は、ギリシャの「運命 μοῖρα (moira)」の色調を帯びていて、来世でなく現世における非日常的な運命、たとえば信仰戦士が戦場で斃れるかいなか、にかかわるものであった。個々人の来世における運命は、アッラーと予言者を信ずるだけで、すでに十分保証されていた。アッラーには、「地獄への予定」はあえて帰せられなかった。ただ（大罪を犯した者への）恩恵の剝奪と、人間のいたらなさゆえに避けられない過誤の「許容」だけが、帰せられた。したがって、来世における救済を、（いわば「未決拘留」期間としての）現世における日常的な「生き方」によって確信/確証する必要（という「自己審査」「自己制御」としての「禁欲」への梃子/動因）がなかった。それゆえ、イスラムにおいては、信仰戦

争のたびに予定思想が威力を発揮し、非日常的な、豪胆な自己放棄をつぎつぎに生み出したが、平和な市民生活に戻るや、そのつどその効力は失われたのである。

ところが、カルヴィニズムのばあいには、予定が来世の運命にかかわり、しかも一方には「神の予定としての地獄の劫罰」が待ちかまえていた。それゆえ、「救いの確かさ」は、まさに現世の日常生活内における神意に適う徳行によって確証され、持続されなければならなかった。したがって、予定説の意義は、カルヴァンの宗教性が市民化され、「大衆宗教性」ともなった当初には、かれ自身が考えていた以上に高まった。カルヴァン自身は、「自分は選ばれている」と確信していたから、ことさら「確証」の必要を感じなかったばかりか、「自分は選ばれているのか」と問うこと自体、信仰が足りない証左で、そのようなものとしてしりぞけるほかはなかった。それにたいして、圧倒的多数の平信徒個々人にとっては、「この自分がはたして選ばれているのか、それとも捨てられているのか」が、最優先の関心事とならざるをえない。それだけ切実に「確証」を求め、牧会の勧告にしたがい、日常の市民的職業労働において、「神の道具」として神意の執行に協働し、「神の祝福」として成果を挙げている、という意識/自己確信に到達し、その志操を「救いの確かさ」「恩恵の地位」にある保証として堅持すべく、そのためにいわば「神のカルテを覗く」「自己審査」「自己制御」つまり「禁欲」を、生涯にわたり、一瞬たりとも怠るわけにはいかなかったのである。

こうして、類例としてのイスラムとの比較からは、ひとつの理論的帰結が導かれよう。すなわち、歴史・社会科学的研究の対象に据えられる人間の行為/社会的行為/「生き方」は、「普遍的超越的人格神」といった神観そのものから直線的／直接的に規定されるのではなく、[30] 神観と密接に関連してはいるが、その神から「救済」を与えられる条件と手続き――教理上「救済」そのものは「来世」に留保されているとしても、「現世」におけるその予兆として、「救済の確かさ」として、じっさいに体験され、追求される「救済財」――の性質いかんによって決まる、という視点である。[31]

第一二節　二重予定説とその「屍の頭 caput mortuum（残滓）」

さて、二重予定説はやはり、なんといっても宗教的達人の信仰であった。達人のみ、永遠の過去から未来永劫にわたる「二重の聖定」という思想に耐えることができる。この教説が日常生活に浸透し、大衆宗教性ともなると、その陰鬱な厳粛さは、ますます耐えがたいものと感得されざるをえない。というのも、この教説においては、「運命」（ギリシャの「モイラ」、イスラムの「キスメット」、儒教の「天命」）といった非合理的な力への信仰とは異なり、呪われた者たちは、やむなく滅亡にいたるというだけではなく、そもそも邪悪な者となるように、摂理によって合理的に決定されている、と説かれ、この決定を受け入れるように迫られ、そのうえなおかつ、かれらに「罰」を（つまりは倫理的なカテゴリーを）適用するように要求されるからである。

とはいえ、西洋の禁欲的プロテスタンティズムには、そうした達人的な予定信仰の「屍の頭

caput mortuum（残滓）[32]が遺された。それは、近代の合理的「経営」一般を構成する諸契機のうち、方法的職業活動によって自分の志操を「確証」しなければならないとする思想で、その始源を二重予定説にまでたどれる成分である。オランダにおけるA・コイペルのカルヴィニズム改革（一八六七）ともなると、（ヴェーバーによれば）もはや純然たる二重予定説を十全に表明するものではなくなっている。

しかし、予定信仰そのものが根絶されてしまったのかというと、そうではない。それは形を変えて生き延びた。すなわち、予定信仰という宗教的基礎のうえに、（右記のとおり最強の）宗教的動機づけから、ひとたび首尾一貫した「志操宗教性 Gesinnungsreligiosität」が成立するや――「予定の神」（という意味形象の、信徒の行為へ）の反作用のもとに「宗教的救済の確証」を求める「生き方」の宗教的集中化／組織化／持続化が、いったん達成されるや――、当の「予定の神」は陰鬱にすぎて敬遠され（ばあいによっては嫌悪され）、それだけ「選ばれているか、捨てられているか」の宗教的不安はうすれ、「救いの確証」を求める緊張と集中力は弱まり、やがて（その意味における）宗教性は失せ果てるとしても、（当の宗教性から見れば「屍の頭」にすぎない）「志操倫理性 Gesinnungs-ethik」が、やはり「生き方」をなにほどか集中化／組織化／持続化する中心として遺される。すなわち、なにごとにせよ価値評価にあたって、個々の行為ではなく、「人格全体」（ないしはその内奥の核心）に力点を置き、個々の行為をその「表現」「症候」と見る「志操倫理性」の「厳格主義 Rigoris-mus」一般が残る。したがって、その残照のもとにある「近代人」には、自分がかくかくのことを

「なした」という個々の事実ではなく、自分の与り知らない、変えようのない内奥の性質ゆえに、かく「あり」、したがってたった一度でもかくなし「えた」ということが、秘かな苦悩としてのしかかるのである。「近代人」に特有の、この「神なき罪の感情 gottloses Sündengefühl」も、いわば予定信仰の「屍の頭」といえよう。

以上、宗教上の教理としての「二重予定説」を焦点に据え、「(広義の)宗教的行為」領域の成立から始めて、「二重予定説」の前史/成立/特性/(反)作用/残滓に論及し、それぞれの解明に必要なかぎりでヴェーバー宗教社会学の「類的理念型」群を取り出し、つとめて歴史的例証も交えて概観してきた。いまや、こうした理論的背景のもとに、「二重予定説の神」と「フランクリンの神」とがどう違うのか、「古カルヴィニズムの宗教的禁欲」と「フランクリンの経済倫理」とが、どういう関係にあり、後者がいかなる意味で「宗教性の残滓」といえるのか、を立ち入って論ずることができよう。

その詳論は、姉妹篇『学問の未来』、第八章「『資本主義の精神』と禁欲的プロテスタンティズム」、第一二節以下に譲る。結論を要約すれば、こうもいえようか。フランクリンは、当時フィラデルフィアにひとりいた長老派の牧師に愛想をつかし、同派から内面的に離脱していった。かれは、当の牧師の説く「神の永遠の意志」「神の選び」「定罪」を「不可解で」「信じられぬ」として「二重予定説」からは離れ、代わっては、(「隠れたる神」を人間からはるかに超越した「至高存在」として遠ざけたうえで)神々のなかから「善/知恵/力ある一神」を選び出して崇敬と賛美をささげる「万神殿」をしつらえ、「自然の原理」にしたがう「拝一神教」を構想する。このように、司牧一般をいちはやくみかぎり、個人として独自に、そうした「信仰箇条と祈禱形式」を考案したり、「十三徳樹立」のためには、「自分で自分の脈拍を診る」方法として、やはり個人として独自に「自己審査手帳」をつくり出したりもする。これはじつは、「神はみずから助ける者を助ける」の「みずから助ける」道に踏み出すことを意味し、ほかならぬその道を用意したカルヴィニズムの「屍の頭 caput mortuum（残滓）」と解されよう。フランクリンは、カルヴィニズム宣教への反発そのものにおいて、じつはカルヴィニズムの鋳型から打ち出された志操を裏返しに体現していた。「カルヴィニズムの宗教的基礎は死滅した」が、まさにその死滅に拍車を掛ける独自の「生き方」の創始そのものと継続において、当のカルヴィニズムから派生した「自己審査／自己制御としての禁欲」が、いわば「残滓として一人歩き」を始めているのである。

第七章　多義的「合理化」論とその方法的意義

はじめに

「倫理」論文第一章第二節「資本主義の『精神』」の第七段落には、フランクリンの経済倫理をつぎのように特徴づけた、有名な箇所がある。

「この〔『二文書抜粋』に表明されたフランクリンの〕倫理の『最高善 summum bonum』ともいうべき、いっさいの無邪気な享受をこのうえなく厳しくしりぞけてひたむきに貨幣を獲得しようとする努力は、〔そうして獲得された貨幣を支出して生活を享受することこそ、目的であり、価値であるとする〕幸福主義や快楽主義の観点をまったく払拭し、純粋に自己目的と考えられているために、個々人の『幸福』や『利益』に対立して、ともかくもまったく超越的な、端的に非合理的 irrational なものとして立ち現われている。営利が人生の目的と考えられ、人間が物質的生活の要求をみたすための手段とは考えられていない。これは、囚われない感じ方にとっては、『自然の』事態をひっくり返したおよそ無意味なこと、といいたいところであるが wie wir sagen würden、他方、資本主義にとっては明白に無条件の基調をなし、その空気に触れない者にはちょっと理解できないものである。[1]」

ここで「非合理的」と書かれた箇所には、K・レーヴィット[2]から最近の矢野善郎[3]にいたるまで、およそヴェーバーの「合理性」「合理化」概念に着目する論者にはきまって取り上げられ、仔細に論じられてきた、周知の注記が付されている。それはまたしても、L・ブレンターノにたいする反批判である。

「ブレンターノ……は、この表記を捕らえて、世俗内禁欲が人間のあいだに生み出した『合理化と規律』にかんする後段の叙述を批判している。そうした合理化は『非合理的生活 irrationales Leben』への『合理化』になる、というのである。確かにそのとおりだ。だが、問題はつねに、あることがそれ自体として『非合理的』かどうかではなく、特定の『合理的』**観点**から見て『非合理的』かどうか、にある。無信仰者には、宗教的な生き方がことごとく『非合理的』で、快楽主義者には、禁欲的な生き方がすべて『非合理的』であろう。ところが、宗教的また禁欲的な生き方も、**それ自体**の究極の価値を規準として測れば、ひとつの『合理化』でありうる。この論文になにか寄与するところがあるとすれば、『合理的なもの』の概念が〔一義的と思えるのは、皮相な見方にとってのみで、それがじつは〕多種多様であることを開示している点にあろう。〔ブレンターノにとっても〕そうであってほしい。[4]」

この注記は、初版（一九〇四）にはなく、改訂時（一九二〇）に付され、『宗教社会学論集』版に収録されている。[5]ヴェーバーが「この論文（単数）」の寄与と見込んでいる「合理的なもの」の多義性も、

「倫理」論文一篇というよりはむしろ、(普遍史的/世界史的なパースペクティーフのなかで多種多様な「経済倫理」を類例として比較し、同じく多種多様な「宗教性」との関連を問うている)続篇「世界宗教の経済倫理」シリーズ(「儒教(と道教)」「ヒンドゥー教と仏教」「古代ユダヤ教」)の全篇を相互に比較しながら読むとき、あるいはたとえ「倫理」論文一篇でも、シリーズ全篇との関連のなかで、その一環として読むときに、初めて具体的に開示されよう。しかも、そのときには、そうした多義性に着目することの方法上/方法論上の意義も、的確に把握されるはずである。そこで、「世俗的な観点からは『非合理的』な『宗教的生き方』についても『合理化』を語りうる」というこの注目すべき論点について、ヴェーバーの思想展開を——ここではまず、「触り」の部分を、続篇「世界宗教の経済倫理」「序論 Einleitung」(一九一五)、同「中間考察」(一九一五)および(『宗教社会学論集』の)「序言 Vorbemerkung」(一九二〇)から拾って解説を加える、という形で——、点描してみるとしよう。

第一節 「世界宗教」における「類型論的」方法

「序論」で、ヴェーバーは、本論でとりあげる「世界宗教」の各々を「きわめて複雑な性質をそなえた歴史的個性体(6)」と断り、つぎのような「類型論的」方法の適用を予示している。

「以下の論述はけっして、諸宗教の**体系的**『類型論』eine *systematische* »Typologie« der Religionen ではない。さりとてもとより、純然たる歴史的研究でもない。むしろ、［ある文化圏の］**経済**志操と［他の文化圏の］それとのあいだに見られる大きな対立との関連で、典型的に重要と考えられる諸点を、宗教倫理の歴史的現実態に即して考察し、それ以外の諸点は視野の外に置くという意味で『類型論的 typologisch』といってよいものである。したがって、叙述の対象として取り上げるもろもろの宗教について、欠けるところのない十全な姿を描き出そうと要求［ないし僭称］するものではない。むしろ、他の宗教との**比較においてそれ**ぞれの宗教に独自な、**また同時に**、われわれが問題としている関連にとって重要な諸特徴をこそ、すぐれて前景に取り出して強調せざるをえない。そのように、あるものを前景に取り出し、他のあるものは後景にしりぞける、特別のパースペクティーフを抜きにして見れば、そうした諸特徴もしばしば、以下の論文で描き出されるよりもずっと緩和された姿をとり、他方ではかならずや、もっと別の特徴が付け加えられるであろう。(7)」

ちなみに、この意味の「類型論的」方法は、一方では、諸宗教のみでなく、(同じく「歴史的個体」として概念構成され、諸宗教との関連が問われるべき)「経済志操」にも、他方では、「世界宗教の経済倫理」シリーズのみでなく、(『宗教社会学論集』に収録され、改訂/加筆されることによって「世界宗教の経済倫理」の方法水準にまで引き上げられている)「倫理」論文(改訂稿)にも、まったく同様に適用されている。「(近代)資本主義の精神」という(「経済志操」の一)「類型」についても、ヴェーバーは、「暫定的例示」のために選び出したフランクリン素材から、「フランクリンの経済志操」（ましてや「フランクリンの人柄一般」）の「欠けるところのない十全な姿を描き出そう」とは要求せず（そうした目標追求は「固有の意味におけるフランクリン研究」に委ね）、夥しい素材群のなかからただ、「フランクリンの経済志操」を他の（たとえばフッガーの）それと対比したばあい、フランクリンに独自で（後には、他のもろもろの文化圏に見られる「経済志操」と対比してみても稀有で）、また同時に、（資本蓄積の持続的駆動因としてはたらくという意味で）「（近代）資本主義の精神（経済志操）」として見ても重要 relevant な、「『貨幣増殖』を『最高善』として追求して止まない『経済倫理』」という一特徴のみを、意図して前景に取り出し、他の諸特徴は（当該節冒頭にもわざわざ「方法論的覚書」を寄せて断っていたとおり）意図して捨象するか、後景にしりぞけている。(8)

第二節　「合理主義」の多義性にかんする例示

さて、当の「類型論的」方法を「世界宗教」に適用し、各々に「独自かつ重要な」諸特徴を取り出すといっても、この「重要な」諸特徴がまた無数にあるわけであるから、これについても「特定の観点から見て重要」という限定が必要とされる。このばあいヴェーバーは、（「経済倫理」一般ではなく）「経済上の合理主義」を関心の焦点とし、これとの関連にとって「重要」か否か、という「特定の観点から」の限定を加える。したがって、ある宗教が、信徒にたいする宗教固有の「生活規制

Lebensreglementierung」をとおして、当の信徒（やがては、「突破口」「第一先例」の模倣／慣習化という経過をへて、信徒の範囲を越える広汎な諸社会層）における経済活動の「合理主義」にも通じていくような「生き方の合理化 Rationaliseirung der Lebensführung」をもたらすかどうか（もたらすとすれば、いかなる意味の「合理化」を、いかにして、どの程度までもたらすのか、逆に、もたらさないとすれば、いかに、どの程度、阻止するのか）が「重要 relevant」となる。ところが、この「生き方の合理化」が、もとよりまた、宗教ごとに多種多様である。

「ところで、経済倫理との関連で重要な、諸宗教の特徴といっても、このばあいわれわれが関心を向けるのは、本質的に、ある特定の観点からである。すなわち、当の特徴が、経済上の合理主義 ökonomischer Rationalismus――それも（この『合理主義』という語の意味も、まだ一義的に確定されてはいないので、いっそう詳しく規定すれば）、一六／一七世紀以降、ここ西洋を支配し始め、市民的な生活合理化の部分現象としてここ西洋には根を下ろした、そうした類型の『経済上の合理主義』――と、いかなる関連にあるのか、という特定の観点からである。こんなことをいうのも、『合理主義』という語にはきわめて多種多様な意味があるということを、ここでもういちど noch einmal［改訂時追加］、思い起こしてほしいからである。……［「理論的合理主義」と「実践的合理主義」、前者の二下位類型、の例示］……。われわれが以下の諸論文［「世界宗教の経済倫理」シリーズ］で取り上げる生き方の合理化もまた、おそろしく多種多様な形態をとりうる。儒教は、いっさいの形而上学を欠き、宗教的な根基の残滓もほとんど痕跡をとどめていないという意味で、およそ『宗教』倫理と呼びうるものの極限に達しており、きわめて合理主義的 rationalistisch であると同時に、［経済活動にかんするかぎりは］功利性の規準以外の規準をまったく知らないか、ことごとく貶価するという意味では、きわめて醒めていて、この点で儒教と比肩しうる倫理体系といえば、J・ベンサムのそれ以外にはあるまいと思われるほどである。ところが儒教は、じつのところ、……実践的合理主義のベンサム的類型とも、西洋におけるそれ以外の全類型とも、おそろしく異なるものである。［つぎに］ルネッサンスの最高の芸術理想は、ある妥当な『美的比例 Kanon』を信ずるという意味で『合理的 rational』であったし、その人生観も、プラトン流神秘主義の混入成分を除けば、伝統的な束縛を拒否し、自然的理性 naturalis ratio の力を信ずるという意味において合理主義的 rationalistisch であった。［さらに］禁断苦行ないしは呪術における禁欲 Askese や瞑想 Kontemplation の技法も、たとえばヨガとか、後期仏教の転輪蔵を用いる祈禱のように、徹底した形態をとるばあいには、これまたまったく別の意味、つまり『計画性 Planmäßigkeit』という意味で、『合理的』であった。また［最後には］、一般に組織的かつ一義的に不変の救済目標をめざす、あらゆる種類の実践倫理は、片や形式的方法性という［計画性と］同じ意味で、片や、規範的に『妥当するもの』と経験的に与えられたものとを区別するという意味で、『合理的』であった。ところで、われわれが以下で関心を向けるのは、この最後に挙げた種類の合理化過程にほかならない。(9)」

このようにヴェーバーは、「合理主義」につき、まず「理論的合理主義」と「実践的合理主義」とを区別し、後者すなわち「生き方の合理化」にかぎって、儒教、ベンサム的功利主義、ルネッサンス（といった、世俗的で現世肯定的な形態）から、禁断苦行や呪術における禁欲と瞑想の徹底形態をへて、「救済宗教」における組織的な救済追求道にいたる「合理主義」の多義性／「合理化」の多種多様性を、つぎつぎに例示している。そのうえで、この「世界宗教の経済倫理」シリーズでは、「最後に挙げた」組織的救済追求の「合理化過程」を取り上げるといって、とりあえず課題を限定し、そのあとすぐ、「ここで、そうした合理化過程の決疑論〔ありうべき諸事例を網羅するカタログ〕をまえもって構成する」という企図に言及はする。しかし、「これら諸論文の叙述自体が、まさしくそうした決疑論への一寄与たらんとするものであるから、まえもって決疑論を提示するのは無意味であろう」として、「合理化」概念の決疑論的な開示と（その意味における体系的な）定式化（「合理主義」の類型論／社会学）は、ここでは断念している（未完に終わる）。

第三節　「西洋近代人以上の『近代主義』」と、ヴェーバー自身の「合理化」論

しかし、この箇所だけでもすでに、（禁欲はともかく）呪術や瞑想についてまで「合理化」を語りうるとほかならぬヴェーバーが明言している事実に出会って、わが目を疑う人も少なくないのではないか。というのも、当のヴェーバーが「西洋文化圏においてのみ『合理化』が進展し、他の文化圏では停滞した」という趣旨の（西洋中心主義的／排他的）「合理化論」ないし「合理化史観」を唱

えたかのように教えられ、そのまま信ずるか、あるいは逆に、そうした「西洋中心主義」に反発するあまり「同位対立」の「自文化中心主義 Ethnozentrismus」（ないしは、これと「同位対立」性を共有する「反西洋主義 Anti-Okzidentalismus」の形態[10]）に追い込まれるか、いずれにせよ「合理化」を、ある文化圏の歴史総体ないし総体的過程に「つくりつけ」になっている一義的傾向を表示する概念、しかも価値概念であるかに解する向きが、まだあとを絶たないと思われるからである。

　ところが、そうした解釈はじつは、ヴェーバー自身の「合理化」論ないしは巨視的比較宗教（文化）社会学の視座と方法にかんする誤解／曲解である。この比較文化社会学はむしろ、「合理化」の多義性をいわば逆手にとって「嚮導概念（構想）」とし、ある文化圏では、どんな領域が、いかなる方向に「合理化」されたのか、と問い、さまざまな「合理化」の極限／遡行極限にさまざまの「非合理的なもの」を索出しながら、さまざまな「合理‐非合理」関係の領域別の組み合わせを究明して、各文化圏の文化史上の特質を概念的／理論的に把握していこうとする。たとえば、インド文化圏について、「中間考察」の冒頭には、つぎのような叙述がある。

「われわれがこれから考察しようとするインドの宗教は、中国とは顕著な対照をなして、かつてこの地上に出現した宗教倫理のうちで理論的にも実践的にももっとも徹底した現世否定の諸形態を生み出したばかりではない。そこでは、それに照応する『技術』も、最高度に発展をとげた。修行（修道）生活や、禁欲と瞑想の典型的な技法は、ここインドの宗教のなかに、もっとも早く姿を現わしただけではなく、そこで首尾一貫した形にまで仕上げられた。そして歴史的にも、こうした合理化は、ここを起点として全世界に広まっていったと見てよい。[11]」

ヴェーバーはこのように、インド文化圏については基本的に、「宗教という領域が、現世否定と瞑想（副次的／異端的には禁欲）の方向に『合理化』され、この点がこの文化圏の（文化史上の）『類型論的特徴』をなしている」と見る。そして、この「中間考察」につづく「ヒンドゥー教と仏教」本論では、「歴史上、インド文化圏ではなぜ、かくなって、他とはならなかったのか」、また「そうなったことが、翻って、この文化圏の歴史的運命を、どのように規定してきたのか」を、（西洋文化圏の類型論的特徴と歴史的運命との比較において）究明するのである。とすれば、他の文化圏についても、これと同じように問いかけ、探究の方針とすることができるのではあるまいか。

「この『合理主義』という語は、……きわめてさまざまな意味に解することができる。たとえば神秘主義的瞑想というような、他の生活領域から見ればすぐれて『非合理的』な営みも、経済／技術／学問研究／教育／戦争／司法および行政の合理化とまったく同様に『合理化』されうるのである。さらに、こうした生活領域のひとつひとつもすべて、それぞれきわめて多種多様な究極の観点ないしは目標のもとに『合理化』されうるのであり、しかも、あるひとつの観点ないし目標から見て『合理的』なものは、別の観点ないし目標から見ると『非合理的』でありうる。したがって、すべての文化圏では、さまざまな生活領域が、きわめてさまざまな仕方で合理化された。すべての文化圏の、文化史上における差異を特徴づけているのは、なによりもまず、いかなる領域が、いかなる方向に向かって合理化されたのか、ということである。[12]」

このとおりヴェーバー自身においては、「合理化」とは、ある文化圏に「つくりつけの」一義的傾向を表示する一義的概念といったものではなかった。いわんや、なんらかの「合理化」を、自分の属する文化圏の排他的特徴として、他文化圏にまさる価値増大の過程として誇示しようとする「自文化中心主義」（「粉飾を凝らしたお国自慢」）の指標ではなかった。まったく逆に、自文化圏の現状と将来にたいする危機感と憂慮に発し、普遍史／世界史における人間の運命の多様性に大いなる共感を寄せながら、自文化圏を、まずはありうべき文化形態のひとつとして相対化し、多様な文化発展のなかに位置づけつつ、その来し方／行く末を見定めようとする、開かれた知的／学問的営為の「嚮導概念（構想）」であった。

第四節　「合理化」を「嚮導概念」として、その極限／遡行極限に「非合理的なもの」を索出していく方法

では、そのばあいなぜ、他の概念ではなく、よりによって「合『理』化」が選ばれ、「嚮導概念（構想）」に据えられるのか。それは、「理 ratio」には「明証性」があり、これを手掛かりとすれば、他の異質な文化圏にも入りやすく、「明証性」をそなえた「解明」を極限まで貫徹させることができる。また、どの文化圏のどの領域も、もとより、そのように「解明」していけば「合理的に割り切

れる」というものではなく、さまざまな「非合理性」を（おそらくは核心部分に）包蔵しているにちがいない。しかし、そうした「非合理的なもの」は、直観的に把握され、直接的に叙述されるよりもむしろ、「合理的なもの」を媒介として、「合理化」の極限また遡行極限として、知的かつ（最大限に）客観的に把握され、叙述されるであろう。少なくとも学問としては、そうした方針を採って進む以外にはない。およそこうした思念が、さきほどからの点描をとおしても明らかなとおり、ヴェーバー自身のオリジナルな構想であった。

ところが、こうした構想は、（それ自体として未完成であったことを別としても）そのままの志向／方向性／スタンスにおいては継承されなかった。継承者のおかれている文化史的／社会的状況に応じて、主として政治の影響を被り、誤解され、曲解された。そうした誤解／曲解がいまなお根強く生き残っている事実にも、それはそれとして相応の根拠があろう。この問題には、次章で若干立ち入るつもりである。

ここではむしろ、「合理化」を「嚮導概念」に据えると、その極限および遡行極限に「非合理的なもの」を索出できるという方法的意義にかぎり、すでにお馴染みのフランクリン経済倫理について、「目的合理（－非合理）性」と「価値合理（－非合理）性」の対概念を導入し、例解してみよう。

ヴェーバーはまず、二文書抜粋から、「時は金なり」「信用は金なり」の二標語に象徴されるフランクリン経済倫理の一面を、「貨幣増殖を人生の自己目的とみなし、全生活時間と全対他者関係を、したがって正直／規律／勤勉／節約／謙譲などの徳目遵守さえも、当の目的を達成する手段に繰り込み、ひたすら貨幣増殖に捧げよ」と「命令口調で」要請する(そういいたければ「倒錯」を命ずる)倫理――そういう独自かつ稀有な「生き方の合理化」をもたらす「実践的合理主義」の一「類型」――として、鋭く定式化した(第一要素の理念型)。そこでは、「貨幣増殖」が、いったいなぜ、「自己目的」たりうるのか、とは問われず――すなわち、その背後にまで遡って、いっそう高次のなんらかの目的から、その手段として演繹されるか、あるいは、いっそう高次の究極価値から、下位価値として意味づけられるか、することなく――、とにもかくにも「自己目的」として、いわば「天下りに」設定されていた。「貨幣増殖」が、(一定の「倫理的」ないし「法的」「規範」を「固有価値」とする「価値合理的」な制限には服するとしても)すぐれて「目的合理的」な手段を採用して常時追求されるべき「究極目的」として、(個々人の「幸福」や「安楽」にたいしては)「超越的」「非合理的」に措定され、要請されていた。別言すれば、そうした「生き方」の「合理的」な根拠は、まだ問われてはいなかった。ただ、当の「生き方」が一面的に鋭く、極限まで煮詰められることによって、「なぜ、そうまでして(貨幣増殖に専念しなければならないのか)」との問いが触発される直前までできていたのである。

つぎにはむしろ、そうした「合理化」の(「根拠」「遡行極限」ではなく)「帰結」「展開極限」のほうが、「そうした生き方を突き詰めていくと、いったいどうなるか、なにがもたらされるのか」というふうに問われた。この問いには、一般的には、貨幣増殖が「自己目的」としてもっぱら強調されればされるほど、手段系列にたいするもっぱら「目的合理的」な制御が強まり、(「倫理的」ないし

「法的」「規範」を「固有価値」として意識的に遵守しようとする）「価値合理的」制約が排除されて、（R・K・マートンのいう）「刷新 innovation」類型の（「目的のためには手段を選ばない」）「逸脱行動」が発生してくるであろう、との答えが、（同じく理念型的な一極限として）予想されよう。[13] ところが、そこにいきつく手前で、手段（行為）にかんする「目的合理的」考量から、手段（行為）にたいする「価値合理的」制約を全面的に排除するのではなく、外形上は「規範」遵守を装うことによって「目的合理的」に（貨幣増殖のための）「信用」は確保しながら（それでも確保できるとして）、内面的にまで「規範」を遵守して「価値合理性」を維持する（「目的合理性」の観点からは無用無益という意味で「非合理的」な）心的負担は軽減し、公然たる「規範」侵害にたいしては予期される負の「制裁」も避けるほうが「賢明」「得策」である、との中間的解答が引き出されよう。外形だけで（「目的合理的」に等価の）効果さえ達成できれば、外形だけの代用で十分で、それ以上の「価値合理的」「規範」遵守の努力は無用無益（「目的非合理的」）である、としてしりぞける「功利主義」的な解答である。ヴェーバーも、この解答は明示的に引き出して「功利主義には避けられない帰結」と呼んだ。とすると、フランクリンには確かに、「目的合理的」考量を重視し、「価値合理的」な「規範」遵守をも、その効果を「目的合理性」の観点から評価して「目的合理的」手段系列に編入しようとする（ただし、しきれない）、そういう「功利主義」への傾向が、顕著に認められる。そうした「目的合理性」が「ひとり歩き」して「価値合理性」による制約を排除していけば、つまり「目的合理性」という意味における「生き方の合理化」が一面的に徹底されていけば、[14] その極限で、「外形のみの規範遵守」「偽善」という「価値非合理性」にいきつくほかはあるまい。

ところで、フランクリンの「経済観」が帯びているもろもろの傾向のなかから、「功利主義」ひとつを取り出し、このように「思考のうえで高め、極限にまで煮詰めて」、一面的に鋭い要素的理念型（第二要素の理念型）を構成し、この「合理化」尺度をフランクリンの現実の「生き方」に当ててみると、じっさいにはどうであろうか。かれはもとより、そうした「功利主義」の帰結にいきついて、「偽善」を顕示的に説いているわけではない（かれは、もし問われれば、「うわべだけの徳目遵守では、やがて見破られて、信用を保つことはできない」と答えたのではなかろうか）。それればかりか、かれの「説教」が、黙示的な、つまり粉飾を凝らした「功利主義」であるともいいきれない。それにしては、フランクリンは、「貨幣増殖―信用取得―徳目遵守」という系列の第三段目に、「目的非合理的」ともいえるほどに力点を置き、正直／規律／勤勉／節約／謙譲といった徳目を、（当面の目的にたいする手段としての効果とは別に）「固有価値」に見立て、そういう「十三徳の樹立」をそれこそ「自己目的」「固有価値」として定立し、身につけ、習慣とし、「エートス」化しようとした。ただ、そうした「十三徳の樹立」という「価値合理的目的」にたいしては、日ごとの自己審査手帳という「目的合理的」（であると同時に、「信仰日誌」の系譜に連なる「価値合理的」）手段を採用して、異例にして稀有つまり「類型論的」に特徴的な、並々ならぬ努力を（少なくとも一定期間）持続したのである。

ところで、かれは、こうした「手段」の採用によって首尾よく「十三徳の樹立」という「目的」

を達成し、「完徳の域に達した」と、すべてを「目的合理性」のカテゴリーで「割り切れた」のであろうか。いな。けっしてそうではない。かれはただ、「そういう『目的』を立てて、それをめざして努力しなかったばあいにくらべて、いくらかはまし」で、それだけ徳性を高めることはできた、とする。そして、この徳性向上が、「神の摂理」によって、つまりすべての（非宗派的）「啓示宗教」に知られている「勧善懲悪神」のはからいによって、だから、もっぱら自分の「目的合理的」な意図どおりにではなく、そのときどきにおける自分の個別の意図にたいしては「思わざる結果」「思った以上の結果」として、「信用」の獲得と（長期的）確保から「貨幣増殖」にいたる効果にも連なった、その意味で自分の人生は「幸運」「幸福」に恵まれていた（「利益」「幸福」を自力で「目的合理的」に創り出してきたとはいえない）と感得し、「神の恩恵」への感謝を表明するのである。

要するに、フランクリンの経済倫理は、「生き方の目的合理化」という意味では、なお「価値合理性」の（「目的合理性」にたいしては）「非合理的」な制約に服しているという意味で、また、個々人の「利益」ましてや「幸福」を「人間としての『目的合理的』考量や処理能力を越えたもの」と受け止めているかぎりで、不徹底であり、「（純然たる）功利主義」というには足りない。この確認によって初めて、そうした「目的合理化」の一面的徹底を背後から引き止めている対抗／拮抗要素としての「価値合理性」は、いったいどこからくるのか、という遡行極限への問いが発せられよう。この問いはここで、第一要素の理念型から導かれた、「なぜ、そうまでして」との問いと、合流するであろう。こうして、（第一／第二）要素的理念型から、それぞれが一面的に鋭く構成されればこそ、翻ってそれぞれを現実と対比して「経験的妥当性」を検証しようとするとき、「貨幣増殖を『自己目的』／『最高善』として要請しながら、同時に、その目的を追求する『目的合理的』手段系列の行為には、なお一定の『価値合理的』制約を課して、『功利主義』的『偽善』への転態を引き止めている、（幸福主義や快楽主義にとっては）『非合理的』な対抗／拮抗要因とは、いったいなになのか」、「それはまた、貨幣増殖をまさに『最高善』たらしめている背後の（一段上の）最高善と、どういう関係にあるのか」という問題が提起される。ここでいよいよ、この問いにたいする可能な解答が求められ、まずは、「職業における熟達／有能さ」を称揚し、義務づける、独特の「職業義務観」が索出される（第三要素の理念型）。そのうえで、こんどは当の「職業義務観」を根拠づけ、「職業における熟達／有能さ」を「最高善」たらしめる、さらに背後の究極価値（要因）を求めて、（世俗的貨幣増殖／営利追求、総じて世俗的「職業」活動からみると通例）「非合理的」な「宗教性」の領域に探究が向けられるわけである。

第五節　人生と営利との「倒錯」——「自然主義」への誘い水と、ヴェーバー自身のスタンス

さて、ヴェーバーは、本章冒頭に引用したように、「貨幣増殖を『最高善』として『禁欲的』に追

求せよ」と説く倫理的要請を、フランクリン経済倫理の「類型論的」特徴と見、第一要素の理念型として鋭く定式化したあと、そうした事態を、人生と営利との主客転倒（本来は、人生が目的で、営利はその人生の物質的要求を充たす手段にすぎないはずなのに、その目的‐手段関係が逆転して現われている倒錯／本末転倒）、「囚われない感じ方 das unbefangene Empfinden にとっては、『自然の natürlich』事態をひっくり返したおよそ無意味なこと、といいたいところである[15]」とまでいう。つまり、かりに『自然（ないし自然主義）の』観点に立てば、そのかぎりで、その事態を『非合理的』で『無意味な倒錯』といってもよい」と、当の言い回しは容認している。

とはいえ、ヴェーバーはここで、（この点よく注意してほしいが）そうした「自然主義」にみずから加担しているわけではない。なるほど、かれは、そうした「自然主義」が、近いところではフォイエルバッハ、マルクス、ニーチェから、（ヴェーバー没後には）K・レーヴィットらに引き継がれ、喧しく主張されているところからも明らかなとおり、可能な価値観点のひとつとして、そのかぎりで成り立つことを（確認ないし先取りして）認識してはいた。しかも、その口吻を借りれば、問題の事態を特徴づけしやすく、読者にも納得されやすいであろうというので、右記のとおりやはり一種の「トポス」として活用するにはした。しかし、それではかれ自身も、当の価値観点に与するのかといえば、けっしてそうではない[16]。ヴェーバーは、そうした認識のうえに、なおかつ、みずからはそうした「自然主義」に与することなく、「囚われない感じ方」にも囚われることなく、それを「合理主義」の一類型として相対化する。そのようにして、むしろ「合理主義」「合理化」の多義性を見据え、これを逆手にとることで飛躍的に拡大する地平に歩み出て、そこからやはり、当の「自然主義」ないし「自然主義」的「合理主義」を問題とし、「トポス」を揺さぶり、読者にも、馴染まれた「自然主義」を問題にしていくように促しているのである。

この地平に立って見れば、「自然主義」の価値観点からすれば「非合理的」で「無意味な倒錯」も、他の観点からは「合理的」で「有意味な」事態として捉え返される。というのも、そうした「倒錯」は、「(近代)資本主義のひとつの基調 ein Leitmotiv des Kapitalismus」をなし、「当の〔「資本主義文化」の〕雰囲気に触れたことのない人間には、まったく疎遠 fremd[17]」な代物である。したがって、その事態に編入され、「当の雰囲気に触れ」た人間は、当然「疎遠」感から「反感」を触発され、「同位対立」の「反(近代)資本主義」(というよりも、人生との「主客転倒」に陥り、「自然主義」的「反感」の対象となるのは、「近代経済/近代資本主義」的営利追求のみではなく、「近代科学」的真理追求、「近代政治」的権力追求、「近代芸術」的美追求など、「近代的文化諸形象」の「(持続的目的追求行為としての)経営 Betrieb」にかかわる、それぞれの観点から見て「合理的」な「職業」活動一般であるからには、それらの全般にたいする「自然主義」的「反感」にもとづく)「反近代主義」「反近代合理主義」に赴くであろう。そのなかからは、「近代的文化諸形象」の「経営」のなかで(実態的また外見上)「抑圧」されてきた「自然」の「復権」「解放」を唱える思想家も現われよう。ところが、そうした動きには、「反定立」を好む人間精神の脆弱さから、「非合理」で「無意味な倒錯」をとおしてこそ発展をとげ、維持されてきた「近代」の生産力/学問的研究水準/法治国家的(相対的)安定／芸術的達成と享受……総じて「近代」の生活水準を、いかにして維持、制御、再編制していくのか、「変革」を唱えるとすれば、少なくとも過渡期的には「近代」期よりもいっそう強められなければならないであろう「規律」「禁欲」を、いかに創り出し、耐えていくのか、といった諸困難に対処する確たる構想も見通しもなしに、ただ「自然」を対置し、「近代」的「経営」を破壊しさえすれば、「抑圧」されてきた「自然／人間的自然」がおのずと「解放」され、「無垢の白紙状態」から「自然に伸長して全面開花する」かのように見紛う「ロマンチシズム」「ロマン主義的反動」がともなわざるをえないであろう。ヴェーバーが好んで用いた比喩では、「老獪な悪魔の手口を見抜かずに悪魔に立ち向かう」ような、（主観的には）大真面目な軽挙盲動である。とりわけ、西洋近代文明／文化の外縁「マージナル・エリア」に生をえた「インテリゲンツィア」（A・J・トインビー）は、やがて「近代」的「経営」体制に編入され、（「戦後近代主義」のような）「ヘロデ主義」的「西洋派」「西洋近代主義」ないしはその亜種にいったんコミットして、「その雰囲気に触れ」、それがじつは「非合理」で「無意味な倒錯」であったと教えられると、かれらのばあいにはその「疎遠」感と「反感」に異文化への違和感（たとえば反ピューリタニズム、キリスト教嫌い）も重なり、それだけ反転して「同位対立」の「自然主義」に引き寄せられやすいであろう。ところが、そうした「自然主義」では、とうてい近代資本主義ばかりか、近代科学、近代政治、近代芸術など、近代的文化諸形象の日常的「経営」の現実に耐え、そこに日々生じてくる問題を、現実に「責任倫理」的に引き受け、解決していくことはできない[18]。現実に「自然」「人間的自然」を奪回していくことも、無理であろう。歴史に「救済」(地上に「楽園」)を求める無責任な「ロマン主義的反動」に走り、有害無益な「随伴結果」をともなわなければ「もって瞑すべし」の荷厄介にとどまるであろう。

というわけで、近代資本主義ほか近代的文化諸形象の「合理主義」を、これまたひとつの可能的価値観点として採用し、そこから「自然主義」ないし「ロマン主義」をまったく同様に「非合理的」で「無意味な反動」と見ることができる。しかも、「自然主義」ないし「ロマン主義的反動」は、「囚われない感じ方」に「受けがよい」が、「近代合理主義」のほうはそれに逆らうから、これを正面から見据え、その「手口」を見抜き、「来し方、行く末」を見とどけるのには、それだけ特別の(「囚われない感じ方」を越える)努力、それだけ周到な学問的/科学的研究を要する。そこで、ヴェーバーは、「自然主義」はもとより「近代合理主義」をも(かれ固有の生活史的・実存的契機から)相対化しおおせた地平(19)に立ち、そこから多義的な「合理化」を「嚮導概念(構想)」として逆利用しながら、「近代合理主義」の「来し方」を探り、その「手口」を見抜こうとするのである。

終章　回顧と展望——「戦後近代主義」ヴェーバー解釈からのパラダイム転換

ここで、試みにパラダイムを変え、戦後日本におけるヴェーバー研究を顧みて、管見を述べよう。

ここ二／三世紀間に、西洋近代文化の影響にさらされてそれぞれの伝統を揺るがされた非西洋諸地域、すなわち（イギリスの植民地支配を受けてカースト秩序が揺らぎ始めて以来のインド、ピョートル改革以後のロシア、阿片戦争以降の中国、幕末このかたの日本など）西洋近代文化の外縁「マージナル・エリア」群には、「(圧倒的に優勢な）異文明の電流を導入するために電圧を下げるトランス」の役割を担う「連絡将校」として、西洋的教養を取得した「インテリゲンツィア」（A・J・トインビー）が養成され、一階層に形成された。そして、「マージナル・マン」（パーク／ストーンクィスト）として多少とも「根無し草 déracinés」（自国の社会構造に堅固な根はおろさない「自由浮動」層ともなるこの「知識層」は、第一次的には、西洋近代文化にたいして「過同調」の「西洋派」「西洋主義」のスタンスをとるか、それとも逆に、「反動形成」によって「自文化中心主義」に立て籠もる——あるいは（「西洋派」にたいする「同位対立」としては等価の）なんらかの「反西洋主義」に反転する――か、の態度決定を迫られ、いずれにせよ双方の「同位対立」関係（たとえばロシアや日本における「西欧派」と「スラヴ派」「国粋派」との対立）に陥る。ここでは、西洋から移入される観念形象のすべてが、こうした同位対立の磁場に吸い寄せられて、相応の変容を被ることにならざるをえない。

戦後日本の「近代主義」も、太平洋戦争の開始と敗北を、一方では生産力における劣位、他方では民主主義（と民主主義を担うべき自立的「個人」）の欠如に帰し、双方を再度「西洋近代」をモデルに見立てて学びなおし、補強しよう（相手の武器を逆手にとって対抗しよう）という「ヘロデ主義」戦略の戦後版であった（たとえば「大塚‐近代化論」は「ヘロデ主義的生産力説」として特徴づけられよう）。しかも、論者の多くは、大塚をはじめ、マルクス主義の単線的進歩（発展段階）図式（世俗化されたキリスト教的終末論）を、折衷的にせよ受け入れていた（し、いまなお「尻尾を引きずっている」人もいる）。したがって、「西洋近代」と戦後日本の「現状」とを時間軸上に並べ、前者を「比較の準拠枠」として後者の「遅れ」ないし「（跛行性という含意における）特殊性」を剔抉するという発想に引き寄せられ、これにたいする反動としても「後進国における思想の優位」が唱えられた。一方では「西洋文化圏」（とくに「西洋近代」）と「日本」（とくに「幕末このかたの日本」）とを、ひとまず相異なる「文化類型」として措定し、比較によって双方の異同を問い、相互に特質づけると同時に、他方ではむしろ、後者を右記（「西洋近代」の）外縁「マージナル・エリア」群のひとつに見立て、「西洋近代」にたいする群に共通の「文化葛藤」の諸相を類例として比較し、そうした二重の比較をとおして「辺境革命」「(文明中心の)辺境移動」の可能性を探索し、翻っては「西洋近代」にたいする(「文化類型」として独自かつ普遍的な)対応の可能性を探り出していこうとする発想[1]には、なかなか到達できなかった(し、到達しても、それをパラダイムとして活かし、発想を転換するまでにはいたらなかった)。ところが、ヴェーバーが「倫理」論文以降の思想展開をへて到達した地平は、まさにこうした発想に連なり、かれの巨視的比較文化社会学の視座と方法は、(それ自体としては未完ながら)この発想を学問的に展開していくのにうってつけの質と内実をそなえている。かりにヴェーバーが戦後日本に生きていたとすれば、かならずやこうした発想にもとづいて、いちはやく独自の内容ある巨視的比較文化社会学を構築していたにちがいない、と思えるくらいである。

しかし、「戦後第一世代」に属する筆者は、そうした地平に到達するのに、戦後政治および(政治的色彩の濃厚な)「島国日本の学界/ジャーナリズム複合体制(コンプレクス)」に制約された「戦後近代主義」のヴェーバー解釈、とりわけ(かれの「合理化」論にかんする)前章で指摘したような誤解/曲解を、もっぱら学問的に批判し、そうした先入観を排してヴェーバーの言説そのものを文献学的に厳密に読解する、地道な学問的基礎研究を重ねなければならなかった。「戦後近代主義」のヴェーバー解釈は、近代(資本主義)的生産力の担い手としての勤労意欲の高い自立的個人と、そうした個人間の契約関係として自発的に創出され制御される(べき)近代市民社会また近代国家の「理念(型)」を、主として「倫理」論文に依拠して、西洋における歴史的発展過程から抽出し、観念／思想上で「剝離」させ、それを同時に価値理念として固定化／理想化し、この価値理念／理想に照らして、日本人と日本社会との「近代的」ならざる側面を批判し、批判的に乗り越えようとした。こうした「思想的ヘロデ主義」のパースペクティーフでは、「合理化」は「合理的生産力と合理的市民社会また合理的国家への合理化」として実体化また狭隘化される。他方、そうした立場決定からは、ヴェーバーの膨大な学問的業績／著作中、もっぱら「倫理」論文が、いわば「戦後近代主義の『聖典』」として偏重されざるをえない。ヴェーバー自身においては、「倫理」論文は、それ以降の巨視的比較宗教社会学研究総体へのいわば「問題提起的序章」にすぎないとさえ言える。ところが、「戦後近代主義」のパースペクティーフでは、その関係が逆転され、序章が前景に取り出されて偏重されるあまり、本論総体が顧みられないばかりか、序章が本論から翻って再解釈されることもない。したがって、「倫理」論文それ自体の読解も、その意味では深められなかった。政治が（たとえ政治価値自体としては肯定的なものでも、政治であるかぎり、むしろ肯定的であればあるほどかえって）学問を制約して、学問の「価値自由」な発展を妨げ、いかにその停滞を招くか、を鮮やかに示している生々しい実例といえよう。

ところで、「戦後近代主義」のパースペクティーフでは、「倫理」論文が偏重されるあまり、その読解自体が深められないばかりではない。そのうえ、その読み方も、相応の偏向を被らざるをえない。テクストから読み取った意味内容を政治目的に利用しようという想念に凝り固まった「政治人間」は、先を急いで「テクストの上っ面をかすめ」、「結果を出そう」と焦るものである。そういう人は、著者ヴェーバーがなぜ「倫理」論文を執筆するにいたったのか、その原問題設定と生活史的／根源的動機に遡り、そこから全篇を再解釈し、結果として書き上げられた章節の細部や行間にも「人間ドキュメント」としての息吹を感得し、その陰影を読み取ろうとは、つゆ思わない。ヴェーバーが西洋近代の「職業義務観」を、その深みにまで穿ち入って問題とすることができたのは、かれがそれに実存として苦しみぬいたからであるが、[2]「戦後近代主義」の解釈では、そんなことはどうでもよい。むしろ近代的「経営 Betrieb」の「職業的」分業‐協業体制が、近代（資本主義のみでなく、文化諸形象）一般の高い生産力／生産性を保障する基幹編制であったという一面の認識から、「まさにそれゆえ、ヴェーバーも、そうした編制とそれを支えるエートスの歴史的淵源を探究しようとしたのだ」というふうに、自分たちの意義づけ（自体は自由であるが、それをその限界内にはとどめておかず、むしろそれ）を、好都合にもヴェーバーの執筆動機にまで読み込んで、捩じ曲げてしまう。すべてこの調子で、政治的評価に彩られた事後解釈がまかり通る。そうした二次所見を排し、ヴェーバー自身のテクストに沈潜して、かれの「人と学問」そのものに迫ろうとする研究者はごくわずかしかいない。むしろさながら、政治（思想）空間で、二次文献の「空中戦」が演じられているようだ。そういう皮相な読解水準では、ヴェーバーにとっての苦悩の種がバラ色に描き出され、かれは問題にしたことが反対に規範化／理想化され、相対化したことが逆に実体化／絶対化される。粗野な誤解／曲解も怪しむに足りない。そうした誤解／曲解にたいして華々しい「批判」が打ち上げられても、所詮は「同じ穴のむじな」で、価値符号を逆転させた政治主義的「同位対立」の域を出ない。ところが、この「島国日本の学界／ジャーナリズム複合体制（コンプレクス）」のなかでは、その種の政治主義的論策が、「たんなる『ヴェーバー研究』ではない」などと評され、称揚されるのである。

一九六〇年代には、アメリカの研究者による日本「近代化」の研究、たとえばロバート・ベラーの『徳川宗教』が輸入され、翻訳され、一時期流行をみた(3)。しかしそれは、ヴェーバー歴史・社会科学の方法（すなわち、「現実（歴史）科学」と「法則科学」との緊張のうえに成り立つ）「類型論的」方法を継承することなく、「倫理」論文に書き上げられた結果だけを（T・パーソンズの流儀にならって）「法則科学」的な図式に組み換え、ピューリタニズムの「機能的等価物」を江戸期の石門心学に探るという代物であった。したがって当然、「倫理」論文しか顧慮せず、「ヒンドゥー教と仏教」の第三章に収録されているヴェーバーの日本論さえ射程に入れていない。しかも、ベラーのパースペクティーフは、「近代化」の頂点にアメリカ社会を据え、そこから歴史を俯瞰して「成功物語 success story」として単線的「進化」を組み立て、他地域における「逸脱」「偏向」を問題にするという発想で、（当人は意識していないと思うが、そのじつ）救いがたい「自文化中心主義」というほかはなかった。文化史的／知識社会学的に穿っていえば、この観念形態は、「冷戦体制」下に（西洋文化圏の）「世界国家」「世界帝国」（トインビー）にのし上がった「新興国」アメリカの（「成り上がり parvenu」の「過補償」動機と入り交じった）「思い上がり／倨傲 hubris」から、そのヘゲモニーと世界政策を文化史的に「正当化」しようとし、そうした政治的観点から、ヴェーバーの学問的業績のごく一部分を手っとり早く利用した産物にすぎない。

ヨーロッパにおけるR・アロン以来のヴェーバー解釈も、形式的には考察範囲を「世界宗教の経済倫理」にまで拡大はしたものの、実質的には、「世界宗教」を「プロテスタンティズム・テーゼの比較史的追検証」としてしか取り扱えなかった。という意味は、こうである。その解釈によれば、「世界宗教」論文とは、「(一方の)禁欲的プロテスタンティズムないしはその機能的等価物(「世俗内禁欲」類型の宗教/宗教倫理)を欠く(「対照群」としての、非西洋)諸文化圏では、(他方の)資本主義の『精神』も自生的endogenには発生/発展しなかったのかどうか」と問い、裏側から「西洋文化圏では、前者があったからこそ、後者も発生した」との因果命題を導こうとする「比較対照試験」に相当する。つまり、前者と後者との関係につき、「倫理」論文かぎりでは「明証的」に「解明」された「意味連関」にとどまる「プロテスタンティズム・テーゼ」を、この「比較対照試験」によって、「明証的」であるとともに「経験的に妥当」でもある「意味・因果連関」にまで、方法(自覚)的に練り上げていこうとする作業である、というのである。

この解釈は、一面では正しい。というよりも、その提出が一九三〇年代であったことを思えば、ヴェーバー歴史・社会科学方法論の要にある「(経験科学としての)因果帰属の論理」を(「実験」「比較対照試験」の論理の、非実験的対象群への適用として)的確に捉え、これと「世界宗教」シリーズの内容とを結びつけて、ヴェーバーの研究成果をかれの方法論によってよくぞ説明したものと評価されよう。しかし他面、この解釈では、ヴェーバーの思想内容の発展は、かれが当の「プロテスタンティズム・テーゼ」に到達した一九〇四／〇五年段階で金輪際停止し、その後の一五年間はその形式的／方法的補強にのみ費やされた、ということにならざるをえない。とすると、この解釈もまた、「倫理」論文中心の狭隘化を免れてはいないことになる。それ以降に書き継がれた「世界宗教の経済倫理」に独自の、内容上の寄与を、いっさい捨象し、その意義を方法的操作に還元してしまっているからである。

しかしながら、ヴェーバーほどの思想家が、一五年間も思索の成果を論文として発表しつづけながら、内容上の前進や深化はとげず、ただ方法上足踏みをしていただけ、というようなことが、ありえようか。むしろ「世界宗教」シリーズには、方法上の大がかりな「迂回路」には還元できない、固有の意義をもつ内容上の寄与が、開示されているのではあるまいか。とすれば、この問いにたいする解答のうち、もっとも重要と思われるひとつこそ、「合理化」の多義性への（その方法上の意義への）着眼、したがって当の多義性を逆手にとる「合理‐非合理」関係群の具体的究明、および、そうした多義的「合理化」を「嚮導概念（構想）」とする巨視的比較文化社会学への、学問的な視座と方法の再編制と整備、これである。

さて、前世紀のヴェーバー研究は、一九五〇年代の後半から、ヴェーバーの作品／業績にかんする「全体像」構築を、意図し顕示してめざす時期／段階に入った。しかし、その先駆けとなった金子栄一『マックス・ウェーバー研究――比較の学としての社会学』(4)も、R・ベンディクス『マックス・ウェーバー――その学問の包括的一肖像』(5)も、ともに優れた労作ではあったが、肝心のこの問題にかけては、アロンに追随し、「世界宗教の経済倫理」と（その方法水準に「倫理」論文も引き上げている）『宗教社会学論集』全体の意義については、新解釈／新展開を示さなかった。かれらの「全体像」にたいしては、ヴェーバー自身の思想展開に沿ってテクストを再読しての再構築が、求められようし、求められてしかるべきであろう。

この点にかんして、ひとつの画期をなしたのが、「マックス・ヴェーバーの業績」（一九七五）、『経済と社会』との訣別」（一九七七）と題する、F・H・テンブルックの挑戦的な二論文[6]であった。テンブルックは、「倫理」論文から「世界宗教」にかけての視圏の飛躍的拡大とその主題的意義という、ヴェーバーの学問的業績の核心に触れる問題を、正面から取り上げると同時に、解釈の空転を戒めて厳密にテクストに就くことを要請し、「外から」なんらかの立場をもちこんではヴェーバーの学問的業績を政治的／断片的に利用しようとする（飽くことなく繰り返される）くわだてに終止符を打とうとした。テンブルックのこの挑戦には、ただちにその意義を認めて、W・シュルフターと筆者が応戦した。才気煥発なテンブルックの業績は、確かにテクストへの徹底した内在をくぐり抜け、かれならではの鋭い主張として提示されている。しかし、筆者から見ると、しばしばあまりにも思い入れが激しく、賛同の域を通り越してしまうばあいがある。『経済と社会』との訣別」の主張にしても、画期的ながら一面的にすぎ、筆者はテンブルックの「訣別とも訣別」して「再構成」に進み、かれにたいする批判を展開すると同時に、（同じくテンブルックにたいして一面では批判的な）シュルフターとも論争関係に入っている。ただ、そうするなかで筆者は、少なくとも故テンブルックとシュルフターに代表される現代ドイツ、ならびに（それと対抗的に提携できるまでになった）現代日本のヴェーバー研究は、テクスト、それも（ヴェーバーの膨大な著作のすべてとはいわないまでも、『宗教社会学論集』と『経済と社会』などの）主要著作に内在して周到に立論する、手堅い学問的研究水準にまで到達し、[7]もう後戻りはできない、との感触をえている。

今後の課題は、その水準で、（ヴェーバーにおける「法則科学」としての社会学の主著）『経済と社会』を、かれ自身の構想に即して再構成し、『全集』版の再編纂（したがって全世界のヴェーバー研究にたいする信憑性ある基本テクストの提供）に寄与すると同時に、『宗教社会学論集』を、「現実（歴史）科学」と「法則科学」との緊張のうえに成り立つ「類型論的」方法の適用／展開例として（完結した「第三巻」までを）厳密に読解し、加えては、未完の「原始キリスト教」「イスラム教」「ローマ・カトリック教会と東方教会のキリスト教」などの欠落をつとめて埋め、出発点「プロテスタンティズム」に立ち帰って、ヴェーバーにおける普遍史的／世界史的探究の「円環を閉じる」と同時に、われわれ自身によるその創造的展開の方途を探ることにあろう。

そこでわれわれは、「西洋近代」と「幕末このかたの日本」という対比はしばらくおき、試みに右掲のパラダイム変換を踏まえ、前者の外縁「マージナル・エリア」群のうちでももっとも豊穣な展開をとげ、それゆえもっとも示唆に富む（と思われる）一九世紀ロシアを、類例としての対照項に選び、そこにおける思想の展開と到達点を「鏡」として、「日本」の思想状況を照らし返してみることにしよう。

一九世紀ロシアでは、「西欧」と「ロシア」が時間軸上に並べられ、「先進‐後進」との位置づけのもとに優劣が論じられ、後者が「遅れた地域」「停滞した文化」として貶価されるばかりではなかった。外縁「マージナル・エリア」群に共通の「西欧派 zapadnik」と「スラヴ派 slavyanaphil」との対立が、(後者が「心情」の域を脱して「思想」形成力を取得したこともあって) 論争として繰り広げられ、まさにそれゆえ「対極の狭間にある自由」が活かされ、相互補完的なふたつの発想が生まれた。ひとつは、「西欧」と「ロシア」を、ひとまず対等な「文化類型」とみなし、他の諸類型も射程に入れ、類型間の比較をとおして、全類型に共通の発生／発展／没落のパターンを突き止め、あるいは各類型に固有の特質を探り出そうとする発想である。この発想は、一八六〇年代に、いちはやくN・ダニレフスキーの比較文明論に結実し、第一次世界大戦後に、ドイツのO・シュペングラーやアルフレート・ヴェーバー (ら「ドイツ文化社会学」)、イギリスのトインビーに引き継がれた(「西洋文化圏」の「新興国」アメリカでは、ハーバード大学でP・ソーロキンが孤軍奮闘していたが、パーソンズの「行為の一般理論」「社会体系論」に凌駕された。まことに象徴的である)。

他方、当時のロシアでは、およそ地表上に存立したもろもろの文化のありように関心が広がるのと並行して、(歴史のなかでは類型ごとの多様な個性に分化して現われてくるのは当然としても) どの類型にも共通の普遍的な根拠と、その根拠が「発展と没落のパターン」とどう関連しているのか、いわば諸文明の興亡を規定している、人間文化／人間存在の究極の根拠／根基 radix を問うという関心の深まりも生じた。これは、トルストイとドストエフスキーの文学作品にこよなく形象化されるとともに、ソロヴィヨフの哲学に最深最奥の表現を見いだし[8]、前世紀には亡命者N・ベルジャエフの思想に引き継がれている[9]。しかし、こうした思想発展も、一九一七年一〇月革命とその後のレーニン／スターリン独裁体制において、政治への従属を余儀なくされ、萌芽のうちに圧殺され、歴史の一齣の（ただし、それ自体として、ことにわれわれにとって大いに「知るに値する」）エピソードに終わった。

このエピソードを「鏡」に（類例比較の一項として）、「幕末このかたの日本」を照射し返す研究課題は、それ自体、ヴェーバー巨視的比較文化社会学の応用問題に属し、その内容的展開は今後の世代に期待するよりほかはない。ただ視角提供者として、仮説というよりはむしろ予先観念を一言述べて「議論の誘い水」にすることを許されるとすれば、単刀直入にいって、「日本」では、「ロシア」における「西欧派」と「スラヴ派」の対立に比肩すべき、「欧米派」と「国粋派」との対立が、論争を嫌う島国の文化風土に全般的に影響されて、双方（とりわけ「国粋派」）の「思想」形成力が脆弱なため、「思想」のレヴェルにおける公然たる対決の形をとらず、むしろ「思想」対「心情」の暗闘として燻りつづけ、つねに、機をみては政治勢力と結託してヘゲモニーを握ろうとする（フェアならざる）傾向が幅を利かしてきたのではなかろうか。ということは、なかなか「思想」上の「対極間関係」が確立されず、「マージナル・マン」として「対極の狭間にある自由」を活かそうにも、出発点／初期条件が形成されないということであろう。したがって、一九世紀ロシアで、「西欧派」と

「スラヴ派」という両対極間に生じた関心の広がりが、ダニレフスキー型の（あるいは、それとの間に「哲学的同時代性 philosophical contemporaneousness」が認められるような）比較文明論を独自に生み出すとか、それを引き継いで独自に展開するといった動きにまではいたらなかった。ただ、関心の深まりのほうは、なぜか（むしろ「西欧」対「日本」の両「対極の狭間」で自由な思索が刺激されたためか）顕著に進展し、西田哲学を引き継いだ滝沢克己が、K・バルトのキリスト教神学を内在的に越え、キリスト教にも仏教にも通底する人間存在の究極の原点として、「神と人間の不可分・不可同・不可逆の原関係」を突き止めるにいたった。その普遍神学は、（「不可逆」の把握に弱く、神秘主義に傾いている）ソロヴィヨフに比しても、徹底している。西洋近代文明／文化の外縁「マージナル・エリア」の一隅で、そこに固有の「文化葛藤」の「苦悩に学び」（トインビー）、一九世紀ロシアにおける思想展開に対応する並走の頂点／到達点として（この関係は、滝沢自身には意識されていなかったと思うが）、西洋近代文明の「辺境」から「人類文明」の次世代を担うべき「高等宗教」（トインビー）の思想的基礎が据えられた、と言えるのではあるまいか。

科学者は一般に、こうした関心の深まりや根源志向には疎く、人間存在の外的諸条件にかかわる現象と現象、現象の推移に関心を奪われがちである。他方、哲学者／神学者は、「肝要なひとこと」に集中／没頭して、現象を顧みない。しかし、両者は本来、相互媒介の関係に置かれ、保たれるべきではないのか。そうでなければ、たとえば社会科学者は、なにを究極の拠り所として、「西洋近代」への「過同調」（ないしはその「偶像化」）と、「同位対立」の「自文化」または（なんらかの）「非西洋文化」への「過同調」（ないしはその「偶像化」）を、ともに克服し、あの（「同位対立」を強いる）「磁場」から脱却して、「価値自由」に思考していくべきか、が分からず、あたかも「糸の端を止めずに縫い針を動かす」ような仕儀に陥り、われ知らず徒労に耽りつづけることにもなりかねまい。

一九世紀ロシア思想においては、関心の拡大と深化とが、相即的に進展し、ただその双極として、ダニレフスキー型の比較文明論とソロヴィヨフの思想とが成立したように思われる。ヴェーバーにおいては、書き残された作品から見るかぎり、明らかに関心の広がりのほうが前景に現われ、ダニレフスキー型の比較文化類型学、しかも（全類型に共通の普遍的パターンや根拠よりも）各類型ごとの特質を類例比較によって探り出す方向に研究が進められた。さればこそ、その成果は、われわれが（その「潜在的可能性 Potenz」も含めて）継受し、そうすることによって同時に、外縁「マージナル・エリア」における並走の「（ダニレフスキー型比較文明論の独自の展開がないという）欠落」を埋め、「東西文明の狭間」という独特の「位置価」を活かして、いっそう普遍的な巨視的比較文化社会学ないし比較文明論を構築していく学問的媒体ともなりえよう。

とはいえ、ヴェーバー自身において、そうした関心の広がりに、関心の深まりのほうは追いつかなかったのか、前者に圧倒され、圧殺されてしまったのか、というと、けっしてそうとは思えない。ただかれは、「自分は、（経験科学の自己反省として必要な認識論／方法論ではなくて）人生の意義を思弁によって説く哲学者（もしくは神学者）ではない」という自己規定／自主規制から、その種の教説を直接開陳することはなく、「そっと胸にしまっておいた」[10]のであろう。しかし、「人類の運命の歩みは、その断片を垣間見る者の胸に感動のどよめきを掻き立てて止まない[11]」とふと漏らしたかれが、「人類の運命」への関心の広がりと相即する関心の深まりは経験せず、間接にも説き明かさなかったとは、とうてい考えられない[12]。

いずれにせよ、われわれとしては、滝沢における普遍神学生成の意義を十分に踏まえて、そのうえに、ヴェーバーの（未完の）巨視的比較文化社会学を継受していっそうよく読解／研究し、それを「学問的媒体」として自前の比較文明論を構築していくと同時に、折角の滝沢普遍神学を、経験科学への展開と相互媒介から切り離して「動脈硬化」に陥れかねない（滝沢も警告していた、ありうべき）「哲学者の驕り」からは、絶えず解放していかなければならない。滝沢の普遍神学とヴェーバーの巨視的比較文化社会学、このふたつこそ、今後、西洋近代文明／文化の外縁「マージナル・エリア」にして「東西文化の狭間」という「位置価」に恵まれた日本の国民文化を、独善に陥らずに健やかに形成していく学問的媒体となるであろうし、ぜひともそうしていきたいと思う[13]。

注

第一章

（1）マルクスについては、拙著『ヴェーバー学のすすめ』、一四一―六、参照。「倫理」論文のこのコンテクストでは、マルクスには言及されていない。ドイツ歴史学派については、牧野雅彦『歴史主義の再建――ウェーバーにおける歴史と社会科学』、二〇〇三年、日本評論社、参照。

（2）「理念型」には、このほかに「類的理念型 gattungsmäßige Idealtypen」がある。「歴史的個性体」のように特定の歴史的対象を狙うのではなく、もろもろの対象の「類的」属性をやはり一面的に抽出し、多くのばあい（「目的合理性」と「価値合理性」、「処世術」と「倫理」、「教会」と「ゼクテ」、「禁欲」と「瞑想」といった）対概念にまで尖鋭化／極限化しておいて、現実の事例が両対極間のどのあたりにあるか、を測定するスケールとして用いられる。

（3）もとより、新たに登場する企業家がすべてそうだったというのではない。そこにはさまざまな類型、また「亜流」も見られた。当時のドイツ企業家層の問題と「倫理」論文との関係については、姉妹篇『学問の未来』、第七章第三六節を参照されたい。

（4）いっそう正確には、「近隣‐地域ゲマインシャフト」（「共同体」）の内部で、「相互的救難義務」の「対内倫理」が支配し、「計算は水臭い」として嫌う「義理人情」の関係がいきわたっている伝統的秩序のもとでは、そうした「ゲマインシャフト」と「ゲマインシャフト」の間で、「対外倫理」のこととしてのみ「飽くなき暴利をむさぼる」というべきであろう。

（5）ここに、護教意識／護教論が混入して、宗教上本質的な意義と歴史上の因果的意義とが混同されると、後者における「限界」の指摘がなにかルターないしルター派を宗教上も貶価するかのように感得され、反感を呼び、「客観的な」歴史的因果認識の主体的条件が毀損され、成り立たなくなる。この問題については、後段第三章第五節、参照。

（6）ヴェーバー特有の「ゼクテ」概念と、「教会」概念との対比については、本書後段第二章第四節、注21、参照。

（7）その前史／成立／特性／作用／残滓については、後段の第六章第七～一二節、参照。

(8) 第六章第一節、参照。

(9) 「神強制」としての「呪術」と、「神奉仕」としての「(狭義の) 宗教」との概念 (「類的理念型」) 上の区別については、本書後段第六章第二節、参照。

(10) ヴェーバーの定義では、「資本主義」とは、どんな類であれ「資本計算」にもとづく営利追求一般を意味する。それにたいして「近代資本主義」とは、「経営」主体が「近代市民的職業エートス」に媒介され、「市場」目当ての商品生産において「自由人労働が合理的に組織化」され、「資本計算」の「形式合理性」が最高度に達成されるシステムといえよう。

(11) だからルターは、「わざ誇り」を触発しやすい『箴言』二二章二九節の「わざ mᵉlāʾkhā, ergon」には、当の原語そのものは Beruf を当てやすい語であったにもかかわらず、まさに「翻訳者の精神において」Beruf の適用を拒み、Geschäft で通した。当該句英訳の business を calling に改訳して奨励したのは、おそらくバクスターであり、その事実は、「倫理」論文にも明文をもって記されている (姉妹篇『学問の未来』、第七章第三六節、注81、参照)。

(12) マルクスとの関係については、『ヴェーバー学のすすめ』、一四一―六、参照。

(13) 『ヴェーバー学のすすめ』、第一章第一、二節、一〇―一九、参照。

(14) WL: 496.

第二章

(1) ヴェーバー自身はここで、「初期条件」と「継続条件」とを区別せずに論じている。筆者がこの区別を導入し、かれの方法をいっそう整った形に補完し、提示してみたい。

(2) Cf. Marx/Engels, Ausgewählte Schriften in zwei Bänden, Bd. 2, 1953, Berlin: 458-9, 462-3.

(3) Cf. Les règles de la méthode sociologique, 1895, 18ᵉ éd., 1973, Paris: 95.

(4) 拙著『デュルケームとウェーバー――社会科学の方法』上、一九八一年、三一書房、二〇二―六、参照。

(5) 「生硬で偏狭な独断論者」とは、「因果性」のカテゴリーと現実との関係を考え抜かずに、こうした理念型的極限を「先入 - 固定観念」として独断的に現実にもちこみ、現実の因果関係をそれのみに一面化／狭隘化し、「相互的影響関係 gegenseitige Beeinflussungen」すなわち「原因⇅結果の互酬／循環構造」に思いいたらない観念論者である、といえよう。この見地から「倫理」論文を「批判」する代表例として、金井新二『ヴェーバーの宗教理論』、一九九一年、東京大学出版会、一一〇—一四、参照。

（6）Archiv 20: 54, RS1: 83, 大塚訳、一三五—六、梶山訳／安藤編、一六八。

（7）この二例の「悪循環」が合成されるとどうなるか、「大学院における教育／研究指導の問題」として一考に値しよう。

（8）後段でも論ずるとおり、「宗教的禁欲」が「禁欲的職業労働」を動機づけ、資本蓄積を促進し、「富を生み出す」と、こうした結果の「反作用」として「富の世俗化作用」が発動し、徐々に「宗教的禁欲」の墓穴を掘る（「宗教的禁欲」が「資本主義の精神」に推転を遂げる）という経緯は、こうした「構造変動」の一例と見られよう。

（9）Archiv 21: 110, RS1: 204-5, 大塚訳、三六九、梶山訳／安藤編、三五九—四〇。

（10）RS1: 12, 大塚／生松訳、二三。

（11）ここでヴェーバーは、なるほど“eindeutige Kausal*zurechnung*”（一義的な因果帰属）と明記している。しかし、それは、「一方向的／一面的な因果関係の設定」の意味ではなく、「西洋の宗教的［に制約された］経済倫理にのみ固有の諸要素（複数）がそれぞれ、宗教性と経済生活との［これまた西洋にのみ固有の］いかなる諸要因に制約され、『かくなって、他とはならなかったのか』を、（多義的／曖昧にではなく）一義的に／明確に説明すること」の謂いと解されよう。

（12）RS1: 12-3, 大塚／生松訳、二三—四。

（13）Archiv 21: 71-2, RS1: 161, 大塚訳、二八四、梶山訳／安藤編、二九〇—一。

（14）Archiv 21: 109, RS1: 205, 大塚訳、三六八、梶山訳／安藤編、三五九。

（15）Archiv 21: 110, RS1: 205-6, 大塚訳、三六九、梶山訳／安藤編、三五九—六〇。

（16）RS1: 19, 大塚訳、一七、梶山訳／安藤編、七〇。

(17) では、「倫理」論文という枠を取り払ったばあい、ヴェーバーは、この問いそのものに、どう答えているのか、と問われよう。「三段階研究プログラム」のⅢ「西洋における文化発展の研究／叙述」では、この問題が主題化して取り扱われたはずである。ところが、ヴェーバーは、それまで生き延びられなかった。ただ、かれがこの問題にどういう観点から答えようとしていたのかは、他の諸著作における断片的論及から推して、おおよそ見当がつく。農民層に比して自然の威力から（相対的には）解放され、（主として）自分の屋内労働によって仕上げた生産物を「市場」で販売する「価格仕事者 Preiswerker」としての手工業者（職人）と（「遠隔地貿易」ではなく、そうした局地的）販売に携わる商人とは、それだけ自分の計算にしたがって経済生活を律することができる。とりわけ、小都市と周辺の近郊農村との間に、互いに面識を維持できる「市場ゲマインシャフト Marktgemeinschaft」（大塚久雄の「局地的市場圏」）が成立しているばあいには、「真面目によい仕事をしていれば、相応に信用がたかまり、それだけよい報酬もえられる」という（倫理的に合理的な）「応報倫理 Vergeltungsethik」が、宗教ぬきにも、そうした経済活動そのものから自然に培われよう。したがって、当初は市民層にも浸透していた呪術が「予言」によって取り払われると、市民層はおのずと、合理的な「応報倫理」をそなえた宗教性に接近する、あるいは、そうした宗教性は、他の社会層に立ち勝って、容易かつ持続的に、市民層のなかに「共鳴盤 Resonanzboden」を見いだすことができる（「選択的親和関係」）。ただし、それだけではない。当の「応報倫理」の要求が強まる一方、現世のありようにかんする視野が広がり、認識も正確になってくると、「現世には、その『応報倫理』に反する『功績と運命との齟齬』（「罰せられざる繁栄」と「いわれなき苦難」）が多すぎる、これほど不完全な現世を創造した（あるいは支配している）とされる全知全能神に、はたして『義』はあるのか」という「神義論問題」が提起され、納得のいく、理にかなった解答が求められざるをえない。そこで、そうした問題にも首を突っこみ、合理的な解答を切実に求めるにいたった市民層（とりわけ主知的／合理的な分子）は、この「神義論問題」にたいする合理的な解答（たとえば、「マニ教の二元論」「インドの『業』説」とともに、「神義論問題」にかんする首尾一貫した解決のひとつではあり、カルヴァンが体験よりもむしろ神学論争をとおして到達した「予定説」）を携えて登場する宗教にコミットすることになる。ちなみに、それ以外の非合理的な契機については、ヴェーバー以後、E・フロムが、図式的な説明ではあるが、「ピューリタニズムの専制支配」への加担動機を、（メディチ家やフッガー家のような）「前期的商人資本」の圧迫を受けて没落に瀕した下層中産階級の「ルサンチマン」と「サド・マゾヒズム」に求めている（『自由からの逃走』）。

（18）大塚久雄の「訳者解説」は、ヴェーバーのこの問題設定に触れて、「このあたりは一般に読み飛ばされがちですが、実はたいへん大切な箇所で、『プロテスタンティズムの倫理と資本主義の精神』を貫く重要なモチーフの一つとして、いろんなバリエーションに姿を変えながら、終わりまで何回もしつこく出てくることになります」（三八五―六）と述べている。「このあたり」と表記がやや曖昧であるが、第一段落の後半におけるヴェーバーの「問いかけ」は、「倫理」論文では、「重要なモチーフの一つ」とはならない。「倫理」論文は、「なにもかにも論文」あるいは「聖典」ではない。大塚は、どこにどういう「バリエーションに姿を変えながら」、「終わりまで何回もしつこく出てくる」のか、せめて参照ページを指示すべきではなかったか。

（19）この動機については、姉妹篇『学問の未来』、第三章、注9、10、参照。

（20）RS1: 23、大塚訳、二四、梶山訳／安藤編、七六。

（21）ちなみに、カルヴィニズムは、「予定の神」に見捨てられた「永罰の徒」も包摂して「教会規律」に服させる「アンシュタルト Anstalt」（一定の客観的メルクマールをそなえた人々を、本人の加入意思の有無にかかわりなく編入して構成員とし、しかも制定秩序と強制装置とをそなえたゲゼルシャフト結成態）として、（そうした術語的意味における）「教会 Kirche」をつくり、洗礼派系のように、「結社 Verein」（加入候補者の意思表示と構成員による行状審査をへて、有資格者のみを受け入れる排他的ゲゼルシャフト結成態）としての「ゼクテ Sekte」を結成するにはいたらなかった。ここにいう「厳格なカルヴィニスト」とは、前後のコンテクストから解釈して、そうした（カルヴィニズムとしては正規の）「教会」のなかでも、「教会内の教会」として「選ばれた少数者のみの集い ekklēsia pura」を結成するにいたった「ゼクテ風結社（機能的等価態）」の謂いであろう。

（22）RS1: 23、大塚訳、二五、梶山訳／安藤編、七七。

（23）ヴェーバーは、一般に動機理解を困難にし、誤らせもする事情を、やはり類型的／決疑論的に数え上げる。（i）フロイトのいう意味における「意識すると不都合な動機の『意識下』への『抑圧 Verdrängung』」、「通りのよい口実ないし表向きの理由を掲げる正当化／合理化」、(ii) 外面的経過と結果は同一ないし類似の行為における動機の多様性（たとえば「転落事故死」と「飛び下り自殺」）、(iii) 外面的には同一ないし類似の状況における動機づけ（したがって反応行為）の多様性（たとえば、「少数派」状況から派生するふたつの類型的動機のほか、「議会における二政党の勢力伯仲」という状況からは、相手方に権力がわたったばあいを顧慮して、互いに寛大でフェアに対応しようとの動機が形成されるとはかぎらず、相手方が立ち直れないほど徹底的に弾圧して独裁に移行しようという動機も生じうる、といった事例）、(iv)「動機葛藤」状態にある諸動機の均衡突破／表出順位における不確定性、など。そのうえで、そうした諸困難を考慮に入れながら、当初いかに「明証的」に（ありありと手にとるように）「理解」された動機でも、ただちに（そうした「明証性」のゆえをもって）それが「現実にはたらいた、経験的に妥当な」動機であると速断することなく、むしろいったん「明証的ではある因果仮説」に戻し、「他では［したがって自然科学では］普通に用いられている因果帰属［比較対照試験］の方法」を適用し、当該仮説の「経験的妥当性」を検証する。こうしたやり方で、慎重に一歩一歩、「現実にはたらいた真の動機」に迫ろうとする。方法論文献としては、WL: 428, 海老原／中野訳、九―一〇；WuG: 4, 阿閉吉男／内藤莞爾訳『社会学の基礎概念』、一九八七年、恒星社厚生閣、一五、参照。ただし、方法論を「一人歩き」させて独善的な抽象論に迷い込む弊には用心し、「ナイフを研ぐばかりで、切れ味を試さず、錆びつかせてしまう」ことなく、経験的モノグラフの具体例とたえず照合して的確に会得し、応用にそなえられよ。

(24) RS1: 24-5, 大塚訳、二七―八、梶山訳／安藤編、七八―九。

(25) RS1: 25, 大塚訳、二八、梶山訳／安藤編、七九。

(26) この箇所の邦訳は、原語 unterscheiden sich にこめられた二重の区別、すなわち（真摯な宗教性をめぐる）「少数派」と支配的党派との区別と、（営利追求への傾向をめぐる）フランスのプロテスタントと北ドイツのカトリック教徒との区別、双方のうち、いっそう重要な後者を読み落とし、論脈を断ってしまっているので注意。

(27) エドゥアルトとシャルロッテという中年夫妻の館に、エドゥアルトの友人（大尉）とオッティリエ（シャルロッテの姪）が現われ、エドゥアルトはオッティリエに、シャルロッテは大尉に、それぞれいっそう強い親和力を感じて接近する、というゲーテの小説『親和力』から採られた概念。

(28) RS1: 25-6, 大塚訳、二八―九、梶山訳/安藤編、七九―八〇。

(29) セオドア・ドライサーの小説『アメリカの悲劇』(映画名『陽のあたる場所』)のテーマが、これである。

(30) RS1: 26, 大塚訳、三〇、梶山訳/安藤編、八〇。周知のとおり、政治上の極端な「左翼」と「右翼」との間にはしばしば劇的/耳目聳動的「転向」が起きるが、これも、そうした「反動形成」現象の政治的変種と見られよう。

(31) RS1: 29, 大塚訳、三二―三、梶山訳/安藤編、八二―三。

(32) したがって、ここでは棄却される「明証的」諸仮説、たとえば「過補償」動機仮説も、ここで習得しておけば、他にも広く応用が利く。「保存」といっても、道具箱に保存して、個別事例ごとの適用にそなえようとするのであって、現実を説明し尽くす包括的概念体系ないし理論体系を構築しようとするのではない。

(33) RS1: 29-30, 大塚訳、三七、梶山訳/安藤編、八七。この箇所の既訳は、「多数の事実が、互いに関連を有するらしく」「互いに関連を有するらしく思われるいくつかの諸事実が」と、原文にない「諸事実」を補って主語としている。これはもとより誤訳とはいえないが、この論文が、任意の対象的事実から出発する、ありきたりの歴史記述であるかのような印象を与え、関係の表象が先に著者の念頭に浮かんでいるという(生活史的契機からの)発生的連関を読み取りにくくしてはいる。

(34)『ヴェーバー学のすすめ』、第一章、参照。

(35) とはいえ、「倫理」論文では、「明証的に理解」でき、「経験的にも妥当な」「意味・因果連関」の立証をめざしながらも、じっさいには「経験的妥当性」の批判的/系統的検証は達成されていない。この課題は、「世界宗教」シリーズの世界史的「比較対照試験」によって、禁欲的プロテスタンティズム(ないしは、それと等価の「世俗内禁欲」を特徴とする宗教性)がなかった文化圏では、「資本主義の精神」(「近代の精神」)も発生を見なかった、との立証がなされて初めて、十全に達成される。「経験的妥当性」の検証方法/「因果帰属」の論理については、さしあたり「客観性論文」邦訳に寄せた筆者の解説(富永/立野訳、二三五―五八)、参照。

第三章

（1）WL: 194, 富永／立野訳、一一九―二〇。

（2）WL, 191, 富永／立野訳、一一三。

（3）WL, 197, 富永／立野訳、一二五―六。

（4）WL: 198, 富永／立野訳、一二七。

（5）Eckhart, Meister, Die deutschen und lateinischen Werke, 1936, Stuttgart, 田島照久編訳『エックハルト説教集』一九九〇年、岩波書店、二〇六―二四; cf. RS1: 258, 大塚／生松訳、六八; WuG: 334, 武藤一雄／薗田宗人／薗田坦訳『宗教社会学』一九七六年、創文社、二二六。

（6）WL: 150, 富永／立野訳、三三。

（7）Ibid.

（8）WL: 150, 富永／立野訳、三三―四。

（9）WL: 150-1, 富永／立野訳、三三―四。

（10）WL: 151, 富永／立野訳、三四。

（11）じつはこれらの教説は、「神義論 Theodizee」問題にかかわる知識層の思索が、論理上首尾一貫した解決に到達した（現実に理念型的極限に達した）、歴史上は稀有な例外である。

（12）たとえば、橋本ＨＰコーナーに論稿を寄せている森川剛光と筆者との間にも、見解の相違、したがって論争がある。拙稿「マックス・ヴェーバーにおける社会学の生成、Ｉ　一九〇三―〇七年期の学問構想と方法」、神戸大学社会学研究会編『社会学雑誌』二〇号、二〇〇三、三―四一、とくに、二〇―一、三二、富永／立野訳、第七刷以降、三五二―五、参照。

（13）富永／立野訳、三四〇―四、参照。

（14）「因果帰属の論理」「社会の正常‐病態の識別規準」といった基本的な問題にかんする誤訳‐誤導の他の事例については、「抽象的方法論議の陥穽――専門学者による誤訳とその踏襲」、拙著『ヴェーバーとともに40年――社会科学の古典を学ぶ』、一九九六年、弘文堂、四二—五四、参照。

(15) WL: 203, 富永/立野訳、一三八—九。

(16) Cf. Jaspers, Karl, Existenz und Vernunft, 1949, Bremen: 34ff., etc.

(17) 羽入辰郎は、明らかにⒶの陣営に属する。なるほど、かれは、ヴェーバーが「手工業から資本主義への転形」の理念型について、経験的検証の必要と意味を説いた、「客観性」論文中の右記の箇所には注目し、引用してもいる。しかしかれは、その箇所のみを、「価値関係性」にかかわる議論から切り離して、自分の「素朴実在論」的な根基のうえに「取ってつけて」いる。そういう羽入の「批判」にたいする筆者の反批判は、Ⓑの論者であれば主張しかねない、『価値理念』が異なるから『理念型』も異なるので、議論の必要もない」といって「かわす」類の消極的「門前払い」ではなく、「精神」にかんするヴェーバーの理念型が、経験的妥当性をそなえ、フランクリンのしかるべき資料に就き、それ(理念型)に対応する現実の傾向を挙示することによって、十分に検証/確証される、という趣旨の、「正面から受けて立つ」積極的論駁である。姉妹篇『学問の未来』、第七章、参照。

第四章

(1) やがて、一九一〇年の対ラハファール論争を契機に、この与件自体が問題とされる。「倫理」論文では、「因果連関」のほうが与件とされ、「意味連関」として捉え返されるが、一九一〇年以降、当の「意味連関」が「明証性」はそなえた仮説に戻され、その因果的「妥当性」が問われる。すなわち、宗教性に由来する「意味連関」が別様に発展をとげた西洋近代以外の文化圏では、「近代資本主義の精神」や「(近代資本主義を含む)近代的文化諸形象」が発生したのかどうか、しなかったとすれば、別様に発展した「意味連関」がその発生阻止にどのように与ったのか、という比較研究によって、当の仮説が検証され、その「意味連関」が「因果連関」としても捉え直される。後期ヴェーバーの歴史・社会科学は、こうした世界史的比較の遠近法において「西洋近代」を相対化して捉え返していく。かれ自身は「近代化論者」ではなかった。

(2) 語源 cum+stella からも明らかなとおり、星々が個性的な位置関係に置かれて唯一無二の星座をなすこと、またその連関を意味する。

(3) しかもヴェーバーは、その箇所をわざわざ、「原典」からではなく、F・キュルンベルガーの『アメリカにうんざりした男 Der Amerikamüde』から孫引きしている。この小説のモデルとされた詩人レーナウは、一九世紀前半に夢を抱いてアメリカに渡りながら、「アメリカ的生活様式」の「拝金主義／功利主義」になじめず、一年で故国オーストリアに逃げ帰ったという。当の小説に表明されているのは、ドイツ国民に類型的な「アメリカ嫌い」の心情であり、これはこれで、「信仰のみ」の立場から(イエスの言にすら反して)行いとその果実は「みな見せかけであり、外面的であ［り］、その外見は多くの人を誤らせる」(「キリスト者の自由」、松田智雄編『ルター』、一九六九年、中央公論社、七〇)と説いたルターの精神に由来するであろう。著者ヴェーバーは、ドイツ国民の読者に「馴染み深い」か、さなくともすぐに「それと分かる」類型的嫌悪を「トポス」とし、これをいわば逆手にとって、当の「拝金主義」の主がじつは「道徳家」「博愛家」フランクリンであり、その信条が特定の職業倫理にリンクされ、特定の宗派信仰に発しているという来歴に遡行しながら、その途上では翻って、当の「アメリカ嫌い」の宗教的起源を解き明かしもするのである。

(4) 「倫理 Ethik」を、生活／行為を「拘束」する「規範」(ないしその「綱要」「解説」「(倫理)学説」)として、それゆえ(「拘束」される)実践／生活／行為そのものとは一定の距離／緊張関係にある「観念」「ロゴス」として、捉えるとしよう。そのうえで、そうした「倫理」がむしろ生活のなかにいわば「溶け込み」、「生き方」の「血となり肉となり」、「習慣」とも化して、かえってときとして意識されずに行為を動機づけ、じっさいに規定している様相にスポットを当てれば、右記「ロゴス」としての狭義の「倫理」と区別して、「エートス ἦθος, Ethos」と呼び換えられよう。

(5) わざわざそうする意味については、右注3、参照。

(6) フランクリンは、この点をつぎのように解釈した。人間は倫理的に弱く、「旨味」がなければ(つまり、純然たる「自己目的」としては)徳目を守ろうとはしないし、しようとしてもできない。そこで神は、そういう人間の弱みを「大目に見」、それでも徳目を守らせようとして、徳目遵守が利益にもなるように「按配」した。その意味で「貨幣増殖―信用―十三徳」の「倫理」は、神の「摂理」と見られる。この関係を表現するのに、当の解釈をフランクリンが一種の「啓示」として「受けた」という言い回しを使っても、レトリックの許容範囲内にあり、ことの真相を歪めることにはなるまい。

(7)『ヴェーバー学のすすめ』、一〇〇―一、参照。

(8) ある人間行為の「目的合理性 Zweckrationalität」とは、「外界の対象ないし他人の行動を予想し、この予想を、自分の目的――結果として合理的に考量され、追求される目的――を達成する手段として『道具的 instrumental』に利用すること（またその度合い）」、同じく「価値合理性 Wertrationalität」とは、「ある一定の行為そのものに、倫理的／宗教的／美的／その他、どんな観点からであれ、なにか絶対的な『固有価値』を認め、それを意識的に信じ、そこから生ずる命令ないし要求に無制約的に、つまり結果を顧慮することなく『自己目的（充足）的 consummatory』にしたがうこと（またその度合い）」と規定されよう（WuG: 12, 阿閉／内藤訳『社会学の基礎概念』、三五―六、他、参照）。なお、ヴェーバーのこうした行為論の基礎視角については、後段第六章、「合理化」概念の多義性とその方法的意義については、第七章、参照。

(9) RS1: 36, 大塚訳、四八、梶山訳／安藤編、九五、では、「汝その職業（使命）に巧み［rüstig (מָהִיר, māhiyr: quick, skillful) in seinem Beruf］なる人を見るか、斯かる人は王の前に立たん」。新共同訳では「技に熟練している人を観察せよ。彼は王侯に仕え、怪しげな者に仕えることはない」。

(10) 前注9と同一の箇所。

(11)「倫理」論文の全内容を総括する、つぎの結びの一文を参照。「近代資本主義の精神の、いやそれのみでなく、近代文化の nicht nur dieses, sondern der modernen Kultur 本質的構成要素のひとつである**職業理念**に根ざす合理的な生き方 die rationale Lebensführung auf Grundlage der *Berufsidee* は、――この論文はこのことを証明しようとしたのであるが――**キリスト教的禁欲**の精神から生まれ出たのである」（RS1: 202, 大塚訳、三六三―四、梶山訳／安藤編、三五五）。

(12) 行論を少し下ったところには、「先にベンジャミン・フランクリンの例について見たようなやり方で、正当な利潤を**職業として** *berufsmäßig* 組織的かつ合理的に追求する志操を、ここしばらく『（近代）資本主義の精神』と名づける」（RS1：49，大塚訳、七二、梶山訳／安藤編、一一四）と定義風に記されている。

第五章

（1）実存する個人を起点に据えて「原生的」（自然にして当必然的）なところから「社会的諸関係」にかんする（社会学的）概念構成を進めていくと、「家ゲマインシャフト」「氏族ゲマインシャフト」につぐ血縁／擬制血縁的なゲマインシャフトとして「部族 Stamm」「民族 Volk」といった概念が想到されるであろう。しかしヴェーバーは、それらの「実体化」は避け、「種族 ethnische Gruppe」を「①外面的に目立つ容姿か、②習俗（生活習慣）かのいずれか、あるいは両方、または③植民や移住の記憶にもとづいて、『血統の共有』にかんする主観的信仰を、ゲマインシャフト（社会）関係の拡張にとって重要な程度に抱き、なおかつ『氏族ゲマインシャフト』はなさない人間群（統計的集団）」と定義する。したがって、そうした主観的な「種族的共属性信仰」が共有されていても、現実に「部族」「民族」などの「種族ゲマインシャフト」が形成されるとはかぎらず、むしろそのつど、こうした類型概念により、まさしく社会学的な問題として捉え返されるのである（『ヴェーバー学のすすめ』、第二章、注45、一四〇―一、参照）。

（2）宗教団体の規模が大きくなると、「平信徒大衆」と「達人」との分化が生じざるをえない。そのうえ、大量の複雑な教理や信条をもつようになると、そうした教理／信条への平信徒のかかわり方も、（キリスト教神学の用語で代表させると）「黙示的信仰 fides implicita」と「顕示的信仰」とに分かれ、双方を両極とするスペクトルのどこかに落ち着くことになる。前者は、平信徒ひとりひとりが、自分個人では教理や信条にはかかわらず、むしろそうした問題を専門とする「聖職者」（スタッフ）の指示には無条件にしたがう総体的な態度表明を求められるばあいである。それにたいして後者は、平信徒個々人がみずから教理や信条を知り、自由に検討し、議論し、主観的に「真と確信し」、その旨表白して初めて信仰の域に達すると認める、宗教上の「個人主義」「主知主義」を意味する。Cf. MWGA, I/22-2：352-5, WuG：342-3. ちなみに、こうした対概念（「黙示的信仰」―「顕示的信仰」）は、やはり理念型ではあるが、「歴史的個性体」ではなく、「類的理念型 gattungsmäßige Idealtypen」である。

（3）聖職者に独占された『公認ラテン語訳ヴルガータ』ではなく、

（4）「ひとまず」というのは、観点とパースペクティーフを変えれば、ルターの職業概念そのものを問題とし、その特性について、たとえば「ドイツ神秘主義」、あるいはボヘミアのフスを介してウィクリフに遡行して因果帰属を試みる、といった研究も、成り立つであろうからである。
（5）RS1: 65, 大塚訳、九五―六、梶山訳／安藤編、一三四。
（6）それまで『ヴルガータ』（ローマ・カトリック教会公認のヒエロニムス訳聖書）に用いられた唯一の神聖な言語であるラテン語にたいする通俗語、したがってそれぞれの母国語。
（7）RS1: 65-8, 大塚訳、九六、梶山訳／安藤編、一三四。
（8）第一章第三節の表題は、Luthers Berufskonzeption. Aufgabe der Untersuchung と記されている。主題と副題とをコロンないしダッシュで結ぶのではなく、「ルターの職業観」という主題を終止符でいったん閉じ、そのあとに「研究の課題」と記されている。内容と照合すれば、この「副題」は、「ルターの職業観」が即（この論文全体の）「研究の課題」をなすという意味ではなく、この節で、ルターの職業観の限界（伝統主義への「逸脱」）が確認され、その限界をこえる「研究の課題」がいわば絞り出され、本論に引き渡される、という趣旨を伝えている、といえよう。
（9）もとより、観点を変えれば、別の取り扱いも可能である。前注4、参照。
（10）ヘレニズム世界に散住して、もはやヘブライ語が読めなくなったユダヤ教徒のため、紀元前三世紀後半ごろ、ギリシャ語に訳された旧約聖書。
（11）RS1: 65, 大塚訳、一〇〇、梶山訳／安藤編、一三八。
（12）「言語ゲマインシャフト」の概念については、姉妹篇『学問の未来』、第四章、注15、参照。
（13）RS1: 65, 大塚訳、一〇一、梶山訳／安藤編、一三八。
（14）WADB7: 90-1, 104-5, 194-5, 200-1, 252-5, 350-1, 316-7 によって確認。
（15）WADB12: 178-9.
（16）『ヴェーバー学のすすめ』、第二章、注21、一二九―三〇、参照。
（17）RS1: 66, 大塚訳、一〇二、梶山訳／安藤編、一四〇。

（18）RS1 : 68, 大塚訳、一〇八、梶山訳／安藤編、一四五。

（19）RS1 : 66, 大塚訳、一〇三、梶山訳／安藤編、一四一。

（20）同右。

（21）RS1 : 67, 大塚訳、一〇四、梶山訳／安藤編、一四一。

（22）この点は、両勧告の前後のコンテクストを、とくになにが対照例として非難されているか、に注目して比較してみると、いっそう鮮明になろう。『詩篇』三七章一～七節には「悪事を謀る者のことでいら立つな。不正を行う者をうらやむな。彼らは草のように瞬く間に枯れる。青草のようにすぐにしおれる。主に信頼し、善を行え。この地に住み着き、信仰を糧とせよ。主に自らをゆだねよ。主はあなたの心の願いをかなえてくださる。あなたの道を主にまかせよ。……沈黙して主に向かい、主を待ち焦がれよ。繁栄の道を行く者や悪だくみをする者のことでいら立つな」とある。他方、『シラ』一一章二一節には、「罪人の仕事を見て訝るな。主を信頼して自己の職務に徹せよ。貧者を速やかに、急に富ませることは主にとっては易しいことである」と説かれている。

（23）RS1 : 67, 大塚訳、一〇四、梶山訳／安藤編、一四一。

（24）著者ヴェーバーは、右記『エフェソ』四章にかんするタウラーの説教に、同じ**注三**のなかで論及したさい、また、この箇所における『コリントⅠ』七章一七～三一節からの引用の直後にも、『エアランゲン版ルター著作集』五一巻、五一ページ（『コリントⅠ』七章二〇節）の参照を指示している。だから、その前後の七章一七～三一節を、同じ「原典」から引用しようと思えば難なくできたはずである。

（25）二一節は、近代の解釈が分かれる箇所である。『ヴェーバー学のすすめ』、第二章、注15、参照。

（26）このギリシャ語原文を引用したあとには、『ヴルガータ』からの引用 in qua vocatione vocatus est がつづき、双方の間には、「枢密顧問官メルクスがわたしにいうところでは、これは明白にヘブライ語風の語法 ein zweifelloser Hebraismus である」（RS1 : 67, 大塚訳、一〇五、梶山訳／安藤編、一四二）とある。ところで、ヴェーバーは、改訂版の**注一**でも、「メルクスの教示」に言及している。すなわち、ヘブライ語原典『シラ』一一章二〇節に出てくる m^{e}lā'khā は、l'kh（遣わす）という語根から派生した語で、旧約聖書中に散見される数多の用例に照らして、「エジプト型ないしエジプトに倣ってつくられたソロモン型賦役国家にみられる賦役－公役官僚制 Fron- und Leiturgie-Bürokratie の思想世界に由来し」、それゆえ元来は「使命としての役務」という意味合いをそなえていた。ところが、「かつてメルクスがわたしに教えてくれたところでは、そうした語根の意味は、すでに古代に完全に失われ、語 m^{e}lā'khā は、いかなる『労働』にも用いられるようになった。そのように一定の［宗教的］色彩を失なった点、また、最初には祭司職への招聘に用いられた点でも、語 m^{e}lā'khā の運命は、ドイツ語の Beruf と同様であった」（RS1: 63, 大塚訳、九六―七、梶山訳／安藤編、一三五）という。

(27) RS1: 67, 大塚訳、一〇五、梶山訳／安藤編、一四二―三。

(28) ただし、すでに一五二三年の『コリントI』七章釈義で、同一構文の klēsis に Ruf でなく Beruf を当てている箇所もある（『ヴェーバー学のすすめ』、七八、参照）。つまり、「初期」に、聖典間のみでなく聖典本文と釈義との間にも、「混用 Schwanken」が認められる。

(29) RS1: 68, 大塚訳、一〇六、梶山訳／安藤編、一四三。

(30)『ヴェーバー学のすすめ』、第二章、注33、一三一、参照。

(31) RS1: 68, 大塚訳、一〇六―七、梶山訳／安藤編、一四三―四。

(32) 同右。

(33) この箇所は、エジプトに連れてこられたヨセフが、ファラオに官吏として仕える主人ポテファルの妻に誘惑される直前の記事で「ある日、ヨセフが仕事をしようとして家に入ると、……」（新共同訳）とある。この仕事とは、エジプト型「賦役／公役官僚制」に編入された「職務」で、語 m^{e}lā'khā が当てられていたのであろう。前注26、参照。

(34) RS1: 68, 大塚訳、一〇七、梶山訳／安藤編、一四五。

(35) RS1: 68, 大塚訳、一〇七、梶山訳／安藤編、一四四。

(36) 同右。

(37) 歴史の多様性に豊かな感受性をそなえ、対象の個性を損なわない歴史・社会科学的認識の方法を編み出して自覚的に駆使し、このばあいについていえば当然外典の取り扱いにおける宗派ごとの差異にも通じていたヴェーバーは、なにもルターが『シラ』一一章二〇、二一節で今日の語義における Beruf を創始したからといって、歴史／社会的条件を異にする他の「言語ゲマインシャフト」の他の宗派も、なにか判でも押したかのように、ことごとく同等に『シラ』を重視し、それぞれの自国語訳『シラ』一一章二〇、二一節から Beruf 相当語を採用し始め、(他の聖典を含む）他の諸箇所にも普及させていく、などと決めてかかるわけがない。『シラ』一箇所に発した「言霊」が時空を越えて波及し、どこでも「言語創造的」影響力を発揮していくとでもいいたげな、まさしくそうした呪術的思考法こそ、「脱呪術化 entzaubern」されなければならない。

(38) RS1: 68, 大塚訳、一〇七―八、梶山訳／安藤編、一四四―五。

(39) RS1: 68, 大塚訳、一〇八、梶山訳／安藤編、一四五。

(40) ということは、文脈から見て、ルターの（たんに『コリントⅠ』七章二〇節の用例ではなく）職業思想にしたがい、ルター派と同様、当該箇所も Beruf と訳したということであろう。

(41) この項目の執筆にあたっては、橋本ＨＰコーナーに掲載の丸山尚士「『羽入氏論考』第一章『“calling”概念をめぐる資料操作』の批判的検証」を参照した。かれが調べてくれた文献や資料に、筆者も（同じく非専門家ながら）当たって再検証しているが、筆者が独力でそれらに行き着くには、多大な時間と労力を要し、容易なことではなかっただろう。ここに記して、丸山のザッハリヒな支援に感謝する。

(42) 正確には、ウィクリフの弟子ニコラス・ヘリフォードによる『ヴルガータ』からの重訳（ベンソン・ボブリック、永田竹司監修、千葉喜久枝・大泉尚子訳『聖書英訳物語』、二〇〇三年、柏書房〔以下、ボブリック書〕、三八―九、二五一、田川建三『書物としての新約聖書』、一九九七年、勁草書房〔以下、田川書〕、五四六―七、参照）。

(43) ウィリアム・ティンダル（一四九五～一五三六）は、一五二四年に大陸に亡命してハンブルクに到着し、ヴィッテンベルクにルターとメランヒトンを訪ね、翌年にはギリシャ語（エラスムス版）新約聖書の英訳を終えている。この新訳は、当初ケルンで印刷されようとしたが、妨害にあい、ヴォルムスで印刷され、一五二六年にはイングランドに持ち込まれた。「一五三四年のティンダル訳」とは、この年に出た新約聖書の改訂第二版を指していったものであろう（デイヴィド・ダニエル著、田川建三訳『ウィリアム・ティンダル――ある聖書翻訳者の生涯』、二〇〇一年、勁草書房、五三一―五九、田川書、五四八、ボブリック書、九三―四)。

(44) 当時ジュネーヴでは、カルヴァンとテオドール・ド・ベーズ(ベザ)を中心として、ピエール・ロベール・オリヴェタンの仏訳(一五三五年「ヌシャテル聖書」)を改訂する作業が進められ、一五八八年には仏語訳のジュネーヴ聖書が完成している。この「仏語訳のジュネーヴ聖書」と区別される「英語訳のジュネーヴ聖書は、まず新約聖書の部分が一五五七年に完成した。新約聖書の部分の翻訳の中心だったのは、William Whittingham だったろう、と言われている。しかしもちろん彼一人の仕事ではなく、多人数の共同の作業であった。……ついで一五六〇年に、もう女王メアリーの時代は終り、イギリスは再び国教会にもどっているのだが、彼らはまだジュネーヴに居て、旧新約聖書の全体をあわせて発行している。フウィッティンガムはその直後にイギリスに帰国した。(なお厳密には、ジュネーヴ聖書というと一五六〇年の旧新約全書を指す。一五五七年のものは、ジュネーヴ新約聖書などと呼ばれている。)……ジュネーヴ聖書というのはもちろん後世につけられたあだ名であって、この聖書そのものにそう書いてあるわけではない。発行場所としてジュネーヴと記載されているだけである」(田川書、五五七)。なお、この「英語訳のジュネーヴ聖書」であるが、各文書の前に簡単な解説が付けられ、詳細な欄外注が施され、章のみか節にも今日流の番号が振られ、初めてラテン文字で印刷されるなど、非常に読みやすく、内容上も正確で、他のどの英訳聖書よりも優れているとして広く普及し、一五六〇年から「欽定訳」が出る一六一一年までの約五〇年間に(一五三九年「大聖書」の七版、一五六八年「司教たちの聖書」の二二版に比して、なんと)一二〇版を重ね、その訳文は、後代の訳とりわけ「欽定訳」にも多く取り入れられているという(田川書、五五六―六〇、ボブリック書、一三九、一四四、一七五、二〇九、二三五、参照)。

(45) この版の成立事情は、やや錯綜している。一五三四年、ヘンリⅧ世は、ローマ教皇庁と絶縁してイングランド国教会を設立するが、そのさい新王妃アン・ブリンに唆され、腹心の大司教トマス・クランマー(一四八九〜一五五六)の提言をいれ、全教会に英語訳聖書を備えつける方針を採用した。この方針にもとづき、国教会公認英語訳の作成を命じられたのが、まずはマイルズ・カヴァーデイル(一四八八〜一五六九)である。かれは、ハンブルクでティンダルと、ジュネーヴでウィッティンガムと接触していたが、みずからはギリシャ語もヘブライ語も読めなかったため、急遽ティンダル訳を底本とし、旧約中ティンダルが訳し残した部分は「ドイツ語とラテン語から英語に訳し」て補うほかはなかった。しかし、そのようにして、ともかくも旧新約聖書全体の英訳を初めてなしとげ、翌一五三五年「カヴァーデイル聖書」として発行したのである。ところが、ティンダルから旧約の一部未発表稿を託されていた友人ジョン・ロジャーズが、カヴァーデイルの向こうを張り、ティンダル訳を全面的に復元し、ティンダルの未訳部分はカヴァーデイル訳を取り込んで、一五三七年「(偽名)トマス・マシュー訳聖書」として発行する。となると、「勅令によって公認された」英訳聖書が二種類出回ること自体が不都合なうえ、双方ともヘブライ語、ギリシャ語原典からの本格的な翻訳ではなく、ティンダル訳他の寄せ木細工にすぎず、後者ではプロテスタント色濃厚な注が物議をかもしもしたので、この状態に王もクランマーも満足しなかった。全教会に備えつけて国教会の総意を結集しうる「第三の」統一公認英訳聖書を、原典から訳し直して編纂する必要に迫られたのである。宮廷筋と国教会当局のこの要請に応える大事業が、一六一一年に完成する「キング・ジェームズ欽定訳」である。ところが、当局としてはそれまで待つわけにもいかず、急場しのぎに、またしてもカヴァーデイルに命じて「マシュー訳」の注を取り除くなど、再改訂させ、他方ではフランス最新鋭の印刷機を植字工ごと買い上げて豪華な装丁を施したのが、一五三九年の版組大型「大聖書 Great Bible」である。その後、「英訳ジュネーヴ聖書」(一五五七、一五六〇)の挑戦を受けて、同じ要請を「大聖書」の改訂という形で実現しようとし、やはり挑戦に対応しきれなかったのが、一五六八年の「司教(イングランド国教会では主教)たちの聖書 Bishops' Bible」である。(田川書、五五一—五、五六〇—一、ボブリック書、一〇九—一二八、一四四—七、参照)

(46) エリザベスI世の治世には、カトリック教徒が北フランスに亡命し、民衆への影響力喪失は独自の英訳聖書をもたなかったためと反省し、『ヴルガータ』からの英訳をドゥエで始めた。新約は一五八二年にランスで完成され、刊行されたが、旧約は遅れて一六一〇年に完了し、ドゥエで出版される。(田川書、五六一—二、ボブリック書、一四九—五五、参照)

(47) 「宮廷用 höfisch」と明記されている点に注意。つまりそれらは、公刊はされていない「宮廷用私家版」聖書の類[複数]で、教会史／聖書翻訳史関係の資料や叙述からは漏れていても不思議はない。それを、著者ヴェーバーは、王朝史／宮廷史を専門とする同僚サイドから聞いたか、みずから調べたかして、知ったのではあるまいか。独自色を出したがるエリザベスⅠ世が、その類の聖書を数種つくらせて宮廷で使ってみていたというのは、ありえないことではない。そうしたくわだてが、じつは、ヘンリⅧ世時代のクランマー訳「大聖書」でもエリザベスⅠ世時代の「司教たちの聖書」でも充足されなかった、本格的なイングランド国教会公認統一聖書への要請と、次期ジェームズⅠ世による大がかりな「欽定訳」事業の実施とを結ぶ線上で、宮廷なりの模索を表わしていたとはいえまいか。

(48) RSI: 69, 大塚訳、一〇八、梶山訳／安藤編、一四五。

(49) 同右。

(50) ボブリック書、一六五―二一七、二五二―四、参照。とはいえ、ティンダル訳、ジュネーヴ聖書、欽定訳の三者を並べて比較してみると、「欽定訳はほとんどジュネーヴ聖書の盗作といってよいくらい」であり、このジュネーヴ訳がティンダル訳を継承している点を考慮に入れれば、「結果において欽定訳は、途中にジュネーヴ聖書を介在させているものの、ティンダル訳を国教会向けに改竄したものというにすぎない」ともいわれる（田川書、五五九―六〇）。

第六章

(1) こうした行為が、『理解社会学のカテゴリー』（一九一三）では「ゲマインシャフト行為」と呼ばれていたが、『経済と社会』執筆／改訂の経緯から、『社会学の基礎概念』（一九二〇）では「社会的行為」と呼び替えられる。現行『経済と社会』第五版では、改訂稿「第一部」（一九二〇）には「社会的行為」、改訂前の浩瀚な旧稿「第二部」（一九一〇―一四年の草稿から別人が編纂）には「ゲマインシャフト行為」が当てられ、執筆年代順と体系配列順とが逆転していて、「第一部」の「基礎概念」では「第二部」が読めない。そのうえ、前者の「ゲマインシャフト」が、語形の一致から、しばしばF・テンニエスの（『ゲマインシャフトとゲゼルシャフト』という対概念の）「ゲマインシャフト」と、訳語上も意味上も混同されるので、いっそう厄介である。本稿では、本文の一般概念は、とくに断らないかぎり「社会的行為」という呼称で通すことにする。

(2) 筆者自身は、ヴェーバーの学問総体を、①「経験科学」と「規範科学」とに分け、「経験科学」について、②「対象」を「意味のある sinnhaft」ものとして捉える「理解科学 verstehende Wissenschaften」と、そうでない「非理解科学」とに分け、「理解科学」をさらに、③歴史的対象の「特性把握」と「因果帰属」をめざす「現実科学」としての「歴史科学」（「歴史学」）と、「一般経験則」の決疑論的類型化／体系化をくわだてる「法則科学」としての「社会科学」（「社会学」）とに分けて、考えたい。かれは、個別問題ごとに、「歴史・社会科学」として「歴史科学」と「社会科学」の総合をくわだて、「発展における原因‐結果の循環／互酬構造」を捉えようとしていた。そう考えたほうが、ヴェーバーの学問的研究業績総体の方法論的総括としては整合的で、その潜勢力を引き出すのにも適切ではないかと思う。ただし、そうした方向で自説を展開することは、ここでの課題ではない。

（3）この「類型論的 typologisch」という語の重要な意味については、後段第七章第一節、参照。

（4）この「原生的」を、時間的／歴史的な意味で「最初の」「原初的」「原始的」と同義に解することは、不適切と思われる。後注11、参照。

（5）呪術師は、随時、カリスマ操作に必要な「法悦」状態に入ることができ、これを「経営」手段として独占する。それにたいして呪術師以外の「俗人／素人」は、臨機的／間歇的に、呪術師の指導のもとに、集団的な「法悦」つまり「狂騒道」に耽る。これが、宗教的ゲマインシャフト（集合態）形成の原初形態で、デュルケームの「集団的沸騰状態」「コロボリ」に相当する。

（6）一方では人格化‐非人格化、他方では権能の（抽象的ないし具体的）特化、など。

（7）MWGA, I/22; WuG, 245-381. 全篇にかんする段落ごとの要旨解説として、拙稿『名古屋大学文学部研究論集』哲学四四号（一九九八）、四五号（一九九九）、同『名古屋大学社会学論集』一九号（一九九八）、二一号（二〇〇〇）、同『椙山女学園大学研究論集』三一号（二〇〇〇）、三二号（二〇〇一）、同『椙山女学園大学人間関係学部ワーキング・ペーパー』二、三号（二〇〇一）、六、七、九号（二〇〇二）、所収の十一論稿、参照。これらの分冊はいずれ、他の領域にかかわる決疑論的理念型群の要旨解説と併せて、『ヴェーバー「経済と社会」の再構成――全体像』にまとめる予定である。

（8）「制定された秩序」をそなえ、これに「準拠 orientieren」し合うことで、他者の行為への予想と、予想された他者の行為とが（平均的には）一致するように、しつらえられている集合態。これをテンニエスの概念と混同して、「利益社会」と訳してはならない。

（9）ということは、「万神殿」において、人格をそなえた神々の背後にある非人格的な秩序（「リタ」「タオ」）が、同時に神々を統べ括る勢力として、首座に上る、というような、別系統の発展とは異なって、そうした発展とは歴史的に分岐をとげて、という意味である。

（10）「宗教社会学」篇そのものは、そうしたものではなく、「自文化中心主義 Ethnozentrismus」の克服をめざし、この目標を最大限に達成した学問的成果であることは、断るまでもない。

（11）こうした経過を、歴史上「原始的」と決めてかかってはならない。「原生的」とは「原始的」と同義ではない。「自然の日常的な目的行為の圏内」から外れた「オウム真理教」集団が、高学歴者を含め、なにを始めたか、記憶に新しい。

（12）ここでは、インド文化圏における「リタ（天則）」、「ブラフマン（梵天）」、あるいは中国文化圏における「タオ（天道）」など、それぞれの「達人宗教性」における「普遍的唯一神教」（等価態）への発展軌道の問題には立ち入れない。

（13）したがって、そうした「帝国」形成は、「一神教」へ通じる道のひとつとして、決疑論の一項をなしてはいる。

（14）たとえばアメン・ヘテプII世（イクナトン）。

（15）この「治水耕作」と「森林（開墾）耕作」とが、原生的な農業の二類型である。ただし、一口に「治水耕作」といっても、自然の降雨量と水流調整が重視される下位類型（中国）と、人工の灌漑施設が圧倒的に重要で優位を占める下位類型（中東）とでは、家産制的権力集中の経済的基礎としては共通でも、神観への影響は異ならざるをえない。

（16）「家産制」とは、ある「家ゲマインシャフト」の長（家父長）の勢力が抜きん出て、他の多数の「家ゲマインシャフト」を制圧し、家父長の「権威」を延長‐拡大して、大版図‐大家計を支配／管理し、従属民＝「臣民」の「恭順 Pietät」を確保していく「伝統的支配」の下位類型（の一極）。他極は、支配者を補佐する「幹部 Stäbe」が「封臣」「盟友」として、支配者と契約的な「忠誠 Treue」関係を取り結ぶ「封建制 Feudalismus」である。「支配の社会学」にかかわるこうした「類的理念型」の略説は、ここでは割愛せざるをえない。

(17) 日本基督改革派教会、信条翻訳委員会訳『ウェストミンスター信仰告白』〔一九六四年〕一九七七年、新教出版社、RS1: 90, 大塚訳、一四六―七、梶山訳／安藤編、一七五―七、参照。

(18)「パーリア民」とは、①「種族的共属性 ethnische Zusammengehörigkeit」の信念を共有し、②儀礼上、他種族と食事を共にしたり、婚姻を締結したりすることを禁じられ、③もろもろの「政治ゲマインシャフト」に分散、編入されて生活する「客民 Gastvolk」で、④定住民は忌避するが不可欠の職業に伝統的／世襲的に従事し、⑤政治的／社会的権利を剝奪され、⑥自律的な政治団体をなさないゲマインシャフト、と定義される。Cf. MWGA, I/22-2, 255; WuG, 300, 536; RS2: 12, RS3: 3 et passim.

(19)『古代ユダヤ教』第二章は、主題的な予言者論ではない。第二章は、第一章「イスラエルの誓約仲間団体とヤハウェ」のあとを受けて、「ユダヤ的パーリア民の成立」と題されている。この第二章は、「ユダヤ教徒が、既存のカースト秩序に下から編入されたインドの『パーリア民（パーリア・カースト）』とは異なり、カースト秩序のない社会的環境世界のなかでみずから（「禁欲」ではないが、呪術／法悦／瞑想から解放された、その意味で「現世内的」「合理的」な宗教倫理と、終末論的現世転覆待望とをそなえた）『パーリア民』となったのはなぜか」という（比較のパースペクティーフを前提とした）全篇冒頭の問題設定に答え、ユダヤ教徒の「歴史的特性」を「因果的に説明」しようとするコンテクストで、決定的な因果的契機のひとつとして、そのかぎりで予言者の活動を取り上げている。このコンテクストから予言者論だけを抜き出すのも、ひとつの読み方ではあるが、原著者の趣旨には沿っていない。

(20) ただ、「普遍的救済者としての精神的支配」という醇化された形で、なお報復願望とルサンチマンが残留していることはいなめない。

(21)「倫理」論文の本文によれば、「ピューリタンは、神に由来するものと被造物とを二者択一的に峻別し、外典は聖霊によらないものとして排斥した。それだけに、正典のなかでは『ヨブ記』が、かれらに強い影響を与えた。というのも、『ヨブ記』には、一面では、カルヴィニズムの思想にきわめて近い、あの人間の尺度を超越した神の絶対至高の尊厳にたいする壮大な賛美と、他面では、神が、その民を、まさに現世の生活でも――『ヨブ記』では現世の生活でのみ！――物質的な点でも祝福するという、あの、けっきょくは繰り返し現われてくる、カルヴァンには付随的でも、カルヴィニズムにとっては重要な確信と、そうした両面がむすび合わされているからである」(RS1: 179-80, 大塚訳、三一八―九、梶山訳/安藤編、三一七―八)。

(22) MWGA, I/22, 259-60; WuG, 302. 武藤/薗田訳『宗教社会学』、一四六―七。

(23) フランクリンは、『ヨブ記』の神を半ばは知っていたが、このパトスは欠いていたから、かれの神は「カルヴィニズムの予定説の神」ではなかった。

(24) フランクリンが、当時フィラデルフィアにひとりいた長老派の牧師に愛想をつかし、同派から内面的には離脱した理由も、ひとつには当の牧師の説教に反発したことにあった。そのさい、この「博愛家」は、カルヴィニズムの宣教に、ルサンチマンをも梃子として動員しかねない宗派性/党派性を看取したとも見られよう。

(25) 首尾一貫した解決としては、「二重予定説」の他に、マニ教の「二元論」、インドの「輪廻と業の教理」がある。

(26) 「アンシュタルト」の概念については、第二章注21参照。

(27) 『奴隷意思論』の一節にはこうある。「かくも大いなる憐憫や恵み、その他の善に満ちていたもうかたとして説かれている神が、あたかも哀れな者どもの罪や、重くかつ永遠につづく呵責を喜びたまうかのように、ご自分の純粋な意志から人間を見捨て、頑にし、罰していたまうということは、まさに、常識や自然的理性を極度につまずかせるものである。神についてこのようなことを考えることは不当であり、残酷であり、我慢のならぬことと考えられ、幾世紀にもわたって、その世紀のすぐれた人々がこのことにつまずいたのである。そして、だれがこのことにつまずかない者があるだろうか。私自身が、一再ならず絶望の深淵、奈落の底に陥るまでにつまずいたのである。そしてかの絶望がいかに救いに満ちており、また恩恵に近いものであるかを知るに至るまでは、私はどんなことがあっても人間に生まれてこなければよかったのに、と思ったほどだったのである」(「奴隷的意志」、松田編『ルター』、二二五)。

(28) 「奴隷的意志」、松田編『ルター』、二〇四―六、参照。

(29) この方向を首尾一貫させていけば、「光の原理」に「暗黒の原理」を対置し、世界を両者の混成から説明しようとする「二元論」にいきつく。

(30) この点は、別のコンテクストと比較のパースペクティーフのもとでも、つぎのとおり論証されている。「ヒンドゥー教と仏教」第三章「アジアのゼクテ宗教と救い主崇拝」では、インド亜大陸における宗教性の展開の帰結が、西洋との比較のパースペクティーフにおいて概観／総括されている。すなわち、正統ヒンドゥー教と異端仏教との競合関係から、双方とも大衆を取り込もうとしたが、いずれも達人宗教性の「遁世的瞑想」を大衆の日常倫理に媒介して、その「生き方」を「合理化」することはできず、せいぜい大衆の「法悦」と「狂騒道」を醇化し、達人の「神秘的救済財」を、サクラメントを介して後者に分与する「秘教‐密儀」ゼクテを生み出すにとどまった。そのさい、なかには、ヴィシュヌ系「マーダヴァ派」（一三／一四世紀）のように、超越的人格神を擁し、ゼクテを形成したもの（西洋キリスト教ゼクテの機能的等価態）もあったが、かえってそこでは、個々のゼクテでそれぞれの「グル」「ゴーサーイン」を「生ける神／生ける救い主」として崇拝する「聖者崇拝 Hagiolatrie」に陥った。この点にかんして、翻ってヴェーバーはいう。「人間の神格化にまでいたるグル権力のこの発展が、［翻って］西洋における教皇権力の展開がもった巨大な［歴史的］意義を教えてくれる。すなわち、教皇権力はまず、布教地域の修道士会、とくにアイルランドの修道士会とその分肢を、正当化すると同時に制圧したが、そのさい、修道士による修行団の創設にたいして厳格な官職的規律を課した。インドで生じたような修行生活の人間崇拝への発展を阻止したのは、ほかならぬヒンドゥー教のゼクテ（ヴィシュヌ系）の信仰もまさしく知っていた超越的人格神ではなく、古代ローマの遺産としての、司教の官職教会であった。この点、よく注意してほしいが、重要なのは、教皇が教主として強大な勢力を掌握したこと自体ではない。現にダライ・ラマは、かつてはヒンドゥー教の大修行僧院の長老たちも、強大な勢力を握る教主であった。むしろ、グルたちの個人カリスマないし世襲カリスマとは截然と区別される決定的なことは、教会行政の合理的な官職性格である」（RS2：357-8）。

（31）内容上も、「九・一一事件」を一頂点とするユダヤ教徒／イスラム／ピューリタニズム末裔の「三つ巴の抗争」は、ヴェーバー宗教社会学の射程内に収まるのではないか。

（32）MWGA, I/22-2, 366, WuG, 348.

第七章

(1) RS1: 35-6, 大塚訳、四七―八、梶山訳/安藤編、九四―五。

(2) 柴田治三郎/脇圭平/安藤英治訳『ウェーバーとマルクス』、一九六六年、未來社、四三。

(3) 矢野善郎『マックス・ヴェーバーの方法論的合理主義』、二〇〇三年、創文社、三―四。

(4) RS1: 35, 大塚訳、四九―五〇、梶山訳/安藤編、九六。

(5) ちなみに、「倫理」論文の初稿(一九〇四―五)と改訂稿(一九二〇)との関係については、さまざまな観点からさまざまな捉え返しがなされえよう。安藤英治の手堅い研究は、そうした問題提起と基礎資料の提供にかぎられていた。ところが、その後むしろ、初版で「原型」が確立し、改訂時には「枝葉末節」が付加されただけ、といわんばかりの「初版還元主義」が、出回ってはいないか。初版では「純歴史的叙述」と規定されていた「倫理」論文が、改訂にいたる間の方法論的反省の深化と定式化を踏まえ、「類型論的」方法の一適用例として捉え返され、「世界宗教の経済倫理」の方法水準に引き上げられて、相応の補注を施され、『宗教社会学論集』に収録される(確かに一面の)意義が、そうした流行の陰で看過されてはいないか。

(6) RS1: 265, 大塚/生松訳、七九。

(7) RS1: 265, 大塚/生松訳、七九―八〇。

(8) ヴェーバーのこの「類型論的」方法を理解せず、対比すべき他者も皆無の「井のなかの蛙」だけが、フランクリンについても、(ヴェーバーにおいては)比較のパースペクティーフのなかで前景にとり出されている「独自(稀有)かつ重要な」特徴を、『自伝』から取り出された、(ヴェーバーにおいては方法上意図して後景にとどめられ、とどめられてしかるべき)多種多様な諸特徴と「一緒くた」にしては、ひたすら鈍化させ、「否認」しようとする。その結果、なにか別の、注目に値する特徴づけがなされるのかといえば、そうではない。『自伝』から、「反証」のつもりで、やれ「借金を返すため」、やれ「子どもを育てるため」、やれ「立身出世のため」といった、それはそうにちがいないとしても、どこにでもある(それゆえ、ヴェーバーの意味における「類型論的」定式化においては捨象されてしかるべき)動機を引き出してきては、「フランクリンの経済志操」に帰し、それで「反証」が成立したかのように思い込んで怪しまないだけである。
（9）RS1: 265-6, 大塚／生松訳、八〇—一。
（10）たとえば、加地伸行『儒教とは何か』、一九九〇年、中央公論社、四一—二、参照。
（11）RS1: 536, 大塚／生松訳、九九。
（12）RS1: 11-2, 大塚／生松訳、二二—三。
（13）こうした理念型的思考展開からは、その後の「近代資本主義」的営利追求の変動傾向とその実態／病態にたいする一連の仮説が導き出されようが、それはまた別の問題圏に属し、ここでは立ち入らない。
（14）逆に、「価値合理性」を徹底させ、「目的合理性」を排除していけば、キルケゴール流の「志操倫理 Gesinnungsethik」にいきつく。『ヴェーバー学のすすめ』、一〇〇—一、参照。
（15）RS1: 36, 大塚訳、四八、梶山訳／安藤編、七四。
（16）ヴェーバーは、この「自然」のばあいもそうであるが、しばしば引用符をつけて「人間的」「非人間的」と表記したりもする。そうした誘い水の引用符には、「特定の『人間』規準から見れば『人間的』ないし『非人間的』と評価されようが、その規準自体が問題」という留保のニュアンスが籠められ、かれ自身はそうした評価に距離をとって問題視しているばあいが多い。そういう箇所を引用しては、当の「規準」がかれ自身の規準であるかのように速断する文献も、まま見受けられるが、ヴェーバー研究としては、皮相な読解による短絡的解釈というほかはない。
（17）RS1: 36, 大塚訳、四八、梶山訳／安藤編、九五。
（18）そのさい責任規準のひとつに、「自然環境」と「人間的自然」の尊重が掲げられるのは当然であるし、個別問題の現実的解決をめざす運動体が、そういうスローガンのもとに相互に交流をもち、「ゲマインシャフト形成」さらに「ゲゼルシャフト結成」を遂げるのも、もっともである。そういう思想ならびに社会運動は、社会科学の重要な研究テーマとされてしかるべきであるし、現に「環境社会学」、「社会運動の社会学」といった諸部門で活況を呈している。
（19）ヴェーバーは、精神神経疾患の一時的緩解期に妻宛てにしたためた手紙でも、「仕事の重荷のもとにうちひしがれたような気持ちでい**たい**という**欲求**はなくなった」と書き、「人間的な生活を十分に味わい、そうしている自分を可能なかぎり幸福な気持ちで見つめていたい」と、感性的また美的な生活価値に心眼を開きながら、「だからといって、精神の苦しい作業が以前のようにはできなくなる、ということはないと思う」（『ヴェーバー学のすすめ』、一二）と結んでいた。かれは、自分の病気を距離化／対象化しえた瞬間に、「職業主義か反職業主義か」、「近代主義か反近代主義か」といった生硬な二者択一から解放されたのである。

終章

（1）拙稿「マックス・ヴェーバーと『辺境革命』の問題」（『危機における人間と学問――マージナル・マンの理論とウェーバー像の変貌』、一九六九年、未來社、二九一―三二三）、参照。
（2）『ヴェーバー学のすすめ』、第一章、参照。
（3）堀一郎／池田昭訳『日本近代化と宗教倫理』、一九六二年、未來社、参照。
（4）一九五七年、創文社。
（5）1960, 2. ed. 1962, New York, 拙訳、一九六六年、中央公論社、改訳、上下、一九八七／八八年、三一書房。
（6）Tenbruck, Friedrich H., Das Werk Max Webers, Gesammelte Aufsätze zu Max Weber, 1999, Tübingen, 住谷一彦／小林純／山田正範訳『マックス・ヴェーバーの業績』、一九九七年、未來社。
（7）ちなみに、たとえば前段第七章の注2と3に掲げたレーヴィットの古典的論文と矢野善郎の最近作とを、対照して読み比べられたい。
（8）佐々木俊次『ロシア思想史――スラヴ思想の展開』、一九六〇年、地人書房、谷寿美『ソロヴィヨフの哲学――ロシアの精神風土をめぐって』、一九九〇年、理想社、参照。
（9）ベルジャエフ、田口貞夫訳『ロシア思想史』、一九五八年、創文社、氷上英廣訳『歴史の意味』、一九六〇年、白水社、田中西二郎／新谷敬三郎訳『ロシア共産主義の歴史と意味』、一九六〇年、白水社、など、参照。
（10）RS1: 14, 大塚／生松訳、二六―七。
（11）RS1: 14, 大塚／生松訳、二六。

(12) この「間接的言及」問題には、一九九三年「ミュンヘン会議」の報告で、あえて論及し、ドイツ人学者の反響を期待したが、「エミール・デュルケームとマックス・ヴェーバー」という与えられた表題の影に隠れてしまったのか、関心を引かなかったようで残念である。Cf. Mommsen, Wolfgang/Schwentker, Wolfgang (Hg.), Max Weber und das moderne Japan, 1999, Göttingen : 344-8. 邦訳は『ヴェーバーとともに40年――社会科学の古典を学ぶ』、一九九六年、弘文堂、一四四―七。

(13) 本章は元来、前章とともに、羽入辰郎著『マックス・ヴェーバーの犯罪』(二〇〇二年、ミネルヴァ書房)第三章第三節末尾(一七七)に見られる一語「非合理的」の用例にたいする批判から、ヴェーバーの「合理化」概念の多義性、その方法上の意義、この「合理化」概念にかんする(あるいは広くヴェーバーの学問的業績一般にかんする)「戦後近代主義」の誤解/曲解、これにたいする批判、そして今後のヴェーバー研究/巨視的比較文化社会学研究の課題とこれに寄せられる期待へと、「補説 Exkurs」を重ねて執筆されたものである。当初の問題は、ヴェーバーが、「合理的なるもの」の多義性を前提に、「貨幣増殖を『最高善』として禁欲的に追求する(独自/稀有かつ重要な)『経済倫理』」を、近代資本主義における合理的営利追求の観点からはもとより、特定の禁欲的宗教性における究極的価値観点からも「合理的」という含意のもとに、さればこそ「快楽主義や幸福主義という別の価値観点からは『非合理的』」と限定的に特徴づけていたところを、羽入が、そこから「非合理的」という言葉だけを抜き取って、その前提には無頓着に、フランクリンの経済倫理にかんするヴェーバーの理念型的特徴づけに投げつけ、「見当外れ」「理に合わない」「ナンセンス」といった否定的価値評価を籠めて、まるごと「非合理的」と決めつけていたところにあった。つまり羽入は、フランクリンの「経済志操」ではなく「人柄」を、「楽天的で『幸福』とか『利益』というものに対して好意的」(一七六)という一面において、つまり「幸福主義」ないし「快楽主義」という特定の価値観点からは「合理的」な「人柄」として特徴づけようとする(それはそれで結構である)が、当の特徴づけを、羽入の価値観点からする一面的な特徴づけとして相対化して捉え返すことができず、「およそ楽天的で『幸福』とか『利益』というものに対して好意的」と、なにかフランクリンその人に「つくりつけになっている」特徴であるかのように実体化/絶対化している。そのために、フランクリンが、確かに「楽天的で『幸福』とか『利益』というものに対して好意的」であったにもかかわらず、「経済志操」を語り出すや、「時は金なり」「信用は金なり」と口を酸っぱくして説き、幸福主義や快楽主義の観点からは「非合理的」な（と同時に、まさにそれだけ近代資本主義的貨幣増殖／資本蓄積にとっては「合理的」な）「禁欲」を要請する一面もそなえていた事実と、この側面にかんするヴェーバーの正確な（「合理的」「非合理的」という語を、それぞれの観点被制約性に即して限定して使い分ける）理念型的定式化とを、捉えうべくもない。

そのため羽入は、羽入書第一／二章で見たとおり、いったん「犯行現場」と思い込むや、微小な注記にもあれほどこだわって針小棒大な議論を繰り広げるのに、この箇所の、ヴェーバー研究史上看過すべからざる重要な注記は、見落としたのか、読んでいても意味が分からなかったのか、ヴェーバーの警告にもかかわらず、ブレンターノ流の「皮相な見方」に後退して、一歩も出ない。当然、K・レーヴィットから矢野善郎にいたる全問題展開もフォローせず、「戦後近代主義」の政治主義的誤解／曲解とこれにたいする学問的／思想的な闘いにも「われ関せず」である。それでいて「ヴェーバー通」として「専門家」の門を叩き、「ヴェーバーの誤謬」を暴いて回るというのであるから、恐れ入る。

羽入は、「戦後近代主義」のパースペクティーフを乗り越えていないばかりか、その「縮小再生産」の体すらなしていない。「倫理」論文についても、その主題にさえ無頓着に、「問題提起」章冒頭の二／三の箇所に視野を狭め、ましてや「世界宗教の経済倫理」シリーズとなると『倫理』論文からの逃走」と決めてかかって一顧だにしない。こういう視野狭窄はそれ自体、たんなる不勉強の糊塗しがたい露顕にすぎないであろうが、客観的にはそれだけ「戦後近代主義」におけるパースペクティーフの狭隘化を無自覚に引き継ぎ、その「先細り」がいきついた極と見るほかはない。

ただ羽入は他面、ポピュリストとしてもっぱら政治的な耳目聳動と「寵児」願望の充足をめざしており、学問上は「ヴェーバー打倒／否定」以外、なんの目標も内容ももちあわせていない。こうした観念形態の持ち主が、知的誠実性を回復して学問の正道に立ち帰ろうとするのではなく、（西洋近代文化の外縁「マージナル・エリア」に固有の）あの磁場に吸い寄せられるがままでいると、いったいどういうことになるか。かりに、あの「同位対立」から一足先に「自己中心主義」「自文化中心主義」に行き着き、「戦後近代主義」「大塚久雄信仰というかたくなな日本の学界（空気）」への反感をつのらせ、あらわにもしている政治的イデオローグたちから、「寵児」願望を刺激され、そうした方向への組織化に編入されたら、どういうことになるか。容易に「同位対立」の「自文化中心主義」に走り、そのイデオローグの末端に連なるであろう。そういうことも、「ありそうなこと」「客観的に可能なこと」として、予測の範囲に入れておかなければならない。

あとがき

本書は、ヴェーバー「プロテスタンティズムの倫理と資本主義の精神」論文を読解し、歴史・社会科学の方法を会得していく一助たらんとして、ここに公刊される。

前著『ヴェーバー学のすすめ』（二〇〇三年、未來社刊）で、筆者は、従来の「倫理」論文批判に見られるひとつの問題的傾向を、つぎのとおり指摘した。すなわち、大方の批判者は、「倫理」論文から、自分の専門領域に重なる部位を抜き出しては、原著者ヴェーバーのありうべき個別の不備ないし過誤を限定的に是正するにとどまらず、「過当に一般化」して、ヴェーバーの「人と作品」を丸ごと葬ろうとする。そうした見地から、ヴェーバーの①実存的／生活史的原問題設定、②思想／学説史的背景、③「倫理」論文の全論証構造、④「倫理」論文以降の展開などを顧みず、学問的内在批判の要件をみたしていない。

そのうえで筆者は、この①〜④の欠落が、批判者側だけの問題ではなく、むしろ、「倫理」論文を「聖典化」し、正当な批判も黙殺してきた、戦後日本の「近代主義」的ヴェーバー研究そのものの欠陥でもある、と捉えた。したがって、一方では、当の問題的傾向が行き着いた極限としての羽入書を、内在的また外在的に批判しながら、他方では、いわば「返す刀」で、「近代主義」的ヴェーバー研究とその「悪しき遺産」を批判し、「二正面作戦」を展開した。少なくとも右記①〜④の欠落を埋め、「倫理」論文にかんする本格的な学問論争の要件をととのえようと、筆者として最大限努力したつもりである。

①については、主として『ヴェーバー学のすすめ』第一章を参照されたい。②への遡行は、もとよりなお不十分ではあるが、マルクス、キルケゴールおよびカール・メンガーとの関係については、独自の見解を提示しえたと思う（『すすめ』、一〇一、一一八―一二三、一四一―一四七）。他方、『ベン・シラの知恵』、『箴言』など、キリスト教聖書からの引用について、また、ルターやフランクリンへの論及については、それぞれ原典に遡って、当該のコンテクストにおける意味を捉え返している。この点は、学問研究としてあたりまえのことではあるが、「倫理」論文研究では従来手薄であったこともいなめない。

とはいえ、本書および姉妹篇『学問の未来』（二〇〇五年、未來社刊）が力点を置いたのは、やはり③で、「倫理」論文の全論証構造を、方法上の指標にしたがって再構成し、読解にそなえた。

それにひきかえ、④については、なるほど本書の第二／六／七章で、一方では、「倫理」論文の方法上の被限定性（「三段階研究プロジェクト」における「予備研究」の第一段階）を明らかにし、他方では、（「倫理」論文では与件として取り扱われる）「二重予定説」を、「倫理」論文以降に展開された宗教社会学の理論的枠組みのなかで捉え返してはいる。しかし、「世界宗教の経済倫理」シリーズ三部作および（「宗教社会学」篇を除く）『経済と社会』諸篇の重厚な内容に、深くは立ち入れず、きわめて不十分である。この欠落を埋める仕事は、いずれしかるべき準備をととのえて、捲土重来を期したい。

なお、本書終章「回顧と展望」関連の参考文献としては、東京大学大学院人文社会系研究科倫理学専攻との論争にそなえて開設した筆者のホームページ http://www.geocities.jp/hirorihara/に、（恩師高橋徹先生の「偲ぶ会」におけるスピーチに加筆した）「故高橋徹先生の秋霜烈日」を掲載し、修業時代の思い出も交えながら敷衍している。アクセスしてみていただければ幸いである。

ちなみに、倫理学専攻からは、いまだに自発的な発言が聞かれない。そのうち羽入書の原論文と審査報告書を閲覧のうえ、『ヴェーバー学のすすめ』『学問の未来』および本書を筆者側の論拠として、学位認定の学問的是非を問う公開論争を提起しなければならないと考えている。

本書の成立事情については、『学問の未来』の「はじめに」と「あとがき」、ならびに本書の「はじめに」に明記した。本書八章の元稿が掲載された橋本HPの橋本努氏、橋本HPへの寄稿をとおして筆者の執筆／改訂を促してくださった論争参入者各位、とくにそのつど貴重なコメントと激励を寄せられた雀部幸隆氏に、深甚の謝意を表する。また、本書が『学問の未来』の姉妹篇として日の目を見たのは、ひとえに未來社西谷能英氏の熟慮と英断による。『ヴェーバー学のすすめ』『学問の未来』『ヴェーバー学の未来』の三部作が、「倫理」論文初版百周年にあたり、学術出版文化の健在を示し、晴朗闊達な学問論争の活性化に資するとすれば、その功績の過半は西谷氏に帰せられよう。細かいところにまで気を配って本書を仕上げてくださった中村大吾氏、すがすがしい装幀を施してくださった高麗隆彦氏にも、厚くお礼申し上げる。

二〇〇五年八月二七日

折原　浩

著者略歴

折原 浩（おりはら・ひろし）

1935 年　東京に生まれる。
1958 年　東京大学文学部社会学科卒業。
1964 年　東京大学文学部助手。
1965 年　東京大学教養学部専任講師（社会学担当）。
1966 年　東京大学教養学部助教授。
1986 年　東京大学教養学部教授。
1996 年　東京大学教養学部定年退職。名古屋大学文学部教授。
1999 年　名古屋大学文学部定年退職。椙山女学園大学人間関係学部教授。
2002 年　椙山女学園大学人間関係学部退職。

著　書『大学の頽廃の淵にて――東大闘争における一教師の歩み』（1969 年、筑摩書房）『危機における人間と学問――マージナル・マンの理論とウェーバー像の変貌』（1969 年、未來社）『人間の復権を求めて』（1971 年、中央公論社）『東京大学――近代知性の病像』（1973 年、三一書房）『大学－学問－教育論集』（1977 年、三一書房）『デュルケームとウェーバー――社会科学の方法』上・下（1981 年、三一書房）『学園闘争以後十余年――一現場からの大学／知識人論』（1982 年、三一書房）『マックス・ウェーバー基礎研究序説』（1988 年、未來社）『ヴェーバー「経済と社会」の再構成――トルソの頭』（1996 年、東京大学出版会）『ヴェーバーとともに 40 年――社会科学の古典を学ぶ』（1996 年、弘文堂）『「経済と社会」再構成論の新展開――ヴェーバー研究の非神話化と「全集」版のゆくえ』（ヴォルフガング・シュルフターと共著、2000 年、未來社）『ヴェーバー学のすすめ』（2003 年、未來社）『学問の未来――ヴェーバー学における末人跳梁批判』（2005 年、未來社）

訳　書　ラインハルト・ベンディクス『マックス・ウェーバー――その学問の全体像』（1965 年、中央公論社）改訳再版『マックス・ウェーバー――その学問の包括的一肖像』上・下（1987/88 年、三一書房）マックス・ヴェーバー『社会科学と社会政策にかかわる認識の「客観性」』（富永祐治、立野保男訳への補訳／解説、1998 年、岩波書店）

ヴェーバー学の未来
――「倫理」論文の読解から歴史・社会科学の方法会得へ

発行――二〇〇五年九月一五日　初版第一刷発行

定価――(本体二四〇〇円＋税)

著　者――折原　浩

発行者――西谷能英

発行所――株式会社　未來社
〒112-0002東京都文京区小石川三―七―二
振替 00170-3-87385
電話・代表 03-3814-5521
http://www.miraisha.co.jp/
Email: info@miraisha.co.jp

印刷――精興社

製本――五十嵐製本

ISBN 4-624-40057-7 C0036

ウェーバー著／海老原明夫・中野敏男訳
理解社会学のカテゴリー
ウェーバーの古典の一つである本書は、ウェーバー自身の広大な学問体系のまさに核心に触れるものであり、近年ドイツで進展したウェーバー研究の最新成果を踏えた新訳である。　二二〇〇円

ウェーバー著／肥前栄一訳
東エルベ・ドイツにおける農業労働者の状態
初期ウェーバーの農業経済研究の古典。農業労働制度の変化と農業における資本主義の発展傾向を分析。エンゲルスの『イギリスにおける労働者階級の状態』とも並び称される名著。　二八〇〇円

コッカ著／住谷一彦・小林純訳
〔新版〕ヴェーバー論争
ヴェーバーの学的関心・思考にみられる両義性（啓蒙主義的＝リベラル対現実政治的＝ナショナル）を統一的に肥える視角として合理化概念をおき、戦後西ドイツの研究史を概括。　一二〇〇円

テンブルック著／住谷一彦・山田正範訳
マックス・ヴェーバー方法論の生成
従来のヴェーバー方法論研究の基礎前提をなした『科学論文集』の体系に疑問をなげ、この通説を批判することを意図した本書は、初期ヴェーバーの評価を含め研究の再構成を迫る。　一八〇〇円

テンブルック著／住谷・小林・山田訳
マックス・ヴェーバーの業績
『経済と社会』がヴェーバーの主著だとする通説を根底的に批判し、西洋的合理化過程の特性把握を叙述した「世界宗教の経済倫理」の諸論考こそそのライフワークだとする研究。　二五〇〇円

シュルフター著／住谷一彦・樋口辰雄訳
価値自由と責任倫理
〔マックス・ヴェーバーにおける学問と政治〕現代ヨーロッパのヴェーバー研究をモムゼンとともに二分するといわれるシュルフターの画期的な論文。初版と改訂版の異同対象表付。　一八〇〇円

レヴィット著／柴田・脇・安藤訳
ウェーバーとマルクス
〝マルクス＝ウェーバー問題〟を初めて提起した初期レヴィットの代表的論文で、資本主義社会の自己疎外＝合理化にかんする両巨人の分析批判と理念の相異を比較検討した名著。　一八〇〇円

（消費税別）